施設実習必携ハンドブック

おさえたいポイントと
使える専門用語解説

新川泰弘
渡邊慶一
山川宏和
編著

晃洋書房

は じ め に

　本書には、子ども家庭福祉や障害福祉などの実践現場での実習に取り組む際に、施設実習の事前学習と事後学習だけでなく、実習先にも持参して学習することができるという特色がある。実習先に持参した際には、実習時に疑問に思ったり、どのように対応すればよいのかわからないと感じたりした時に、すぐに取り出して調べることができる。実践に精通する方々が執筆参加していることから、子ども家庭福祉や障害福祉に関する専門的知識と実践現場での経験知をふんだんに盛り込んでいるため、施設実習に必携のハンドブックとなっており、大学や短期大学、専門学校卒業後においても活用することができる。

　なお、本書は三部構成であり、第Ⅰ部では「おさえたい！基本篇」として、施設実習前に準備しておくべき実習の心構え、目標設定、記録のポイント、オリエンテーションの段取りなどＱ＆Ａ形式で予習することができる。

　第Ⅱ部では、「もっとおさえたい！応用篇」として、実習事前指導にかかわって、実習の目標や課題の設定方法、実習記録の作成方法、実習における困り事への対処法など、事例を通して具体的かつ詳細に学ぶことができる。また、実習事後指導にかかわって、実習後の学習方法についても学べる。

　第Ⅲ部では、「使える！70の専門用語解説篇」として、子ども家庭福祉や障害福祉分野でおさえておきたい70の専門用語について、基本的な意味を正しくおさえたうえで、その用語と施設実習との関連性について学びを深めることができる。

　本書を施設実習の開始前から終了後まで幅広く活用することで、みなさんの学びがより深まると幸いである。

　最後に、本書の出版を快くお引き受けいただいた晃洋書房、なかでも、編集においてご助言ご援助をいただいた編集部の坂野美鈴氏に、心より厚くお礼申し上げたいと思う。

　2023年12月

編 者 一 同

目　　次

PART

I

おさえたい！
基本篇

CHAPTER

= 1 =

保育実習の意義

 保育実習の意義について考えてみよう。

Q1. 保育実習の目的は、どのような通知文書に記載されているのだろう?

　保育実習の目的については、「指定保育士養成施設の指定及び運営の基準について」（一部改正子発0831第１号令和４年８月31日厚生労働省雇用均等・児童家庭局長通知）の「保育実習実施基準」に記載されている。

Q2. 保育実習の目的は、どのように示されているのだろう?

第１　保育実習の目的

　保育実習は、その習得した教科全体の知識、技能を基礎とし、これらを総合的に実践する応用能力を養うため、児童に対する理解を通じて保育の理論と実践の関係について習熟させることを目的とする。

〈解説〉

　保育実習は、学内で行われる保育と福祉の教科目を学んだことによって習得した知識と技能に基づいて取り組まれる。また、習得した知識と技能を用いて「子どもたち一人ひとりを理解」したり、児童福祉施設における「保育の実践に応用」したりすることも行われている。そして、保育と福祉に関するさまざまな「理論」と児童福祉施設における「実践」との関係についても

深く考えることができる。このような意味において保育実習は意義があるといえる。

Q③。特に注目すべき点はなんだろう？

　保育実習においては、児童福祉施設の役割や機能を具体的に理解するために、児童福祉施設における実践を観察したり、実践に参加したり、実践の一部を担当することにより、「体験を通して学ぶことができる」ことが、特に注目すべき点といえるだろう。

　具体的には、児童福祉施設における保育士の「実践を観察」したり、実際に「子どもたち一人ひとりとかかわったりする」ことによって、「子どもの理解」を深められる。また、児童福祉施設における実践、保育計画、記録、児童福祉施設における保育実習の自己評価、保育士の業務内容や職業倫理について、具体的に理解することができる。

Q④。「理論」と「実践」はどのような関係だろう？

　「理論」と「実践」の関係については、子ども家庭福祉、社会的養護など社会福祉領域の教科の内容に対する理解に基づいて、「子どもへの保育」、「子どもの保護者への子育て支援」、「地域の子育て家庭への子育て支援」について、「経験」を通して具体的に学ぶことができる。これによって「理論」と「実践」の関係について学びを深めることができる。

Q⑤。「講義」と「実習」はどのような関係だろう？

　子ども家庭福祉、社会的養護など社会福祉領域の教科目など学内で行われる「講義」と児童福祉施設において観察や参加を通して学びを深める経験的な学習である「実習」は密接に関係している。

　学内で行われる「講義」の後に経験的な学習である「実習」を行うことで、「講義」の内容について「経験」を通してふりかえり、学びを深めることが

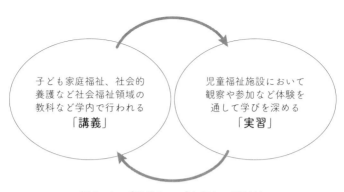

図1‐1　「講義」と「実習」の関連性
出所）筆者作成。

できる。

　逆に、経験的な学習である「実習」をした後に、学内で行われる「講義」を学ぶことで、経験的に学んだことを理論的に整理し直すことができる。

　したがって、この両者の関係は相互に関連していて、行き来を繰り返しながら、循環して学びを深める特性があり、図1‐1のように示すことができる。

CHAPTER

2

施設実習の心構え

 実習の目的、記録、社会人の基礎、個人情報保護について考えてみよう。

〈1〉実習の目的

Q1。実習には何のために行くのだろう？

・実習先の施設の役割や機能、子どもや利用者の生活や支援を「学ぶ」ため。

Q2。実習の際に、どのような点に気をつけたらいいのだろう？

・自分で考えて「主体的に行動」する。

・「失敗した経験」から「反省的に学ぶ」。

・「子どもや利用者とのかかわり」や「体験」を通して、「実践の難しさとやりがいや喜びを知る」。

〈2〉実習の記録

Q1。実習記録を書く際にどのような点に気をつけたらいいのだろう？

・保育者の援助や子どもや利用者の様子をよく観て、実習記録に「具体的なやりとりを記録」する。

Q2。実習記録を書く際、子どもや利用者の様子のどこを観察したらいいのだろう？

・子どもや利用者の「よさ」「成長」「発達」に着目し、記録する。

〈子どもや利用者の「よさ」に着目した記録の具体例〉

・子どもが興味を持って楽しんでいる姿や具体的に話している言葉を記録する。

・子どもが意欲的に遊んでいる時や利用者が能動的に活動している時の具体的な行動を客観的に記録する。

・子どもが遊びに没頭して、活動の楽しさを味わっている時の様子を具体的に記録する。

・子どもが落ち着いて、安定した気持ちで、くつろいでいる時に、子どもたちがどのような会話をしているか、具体的に記録する。

▶ 子どもたちが、「○○○○○○」に主体的に取り組んでいる。

▶ 子どもたちが、「○○○○○○」に興味を持って遊んでいる。

▶ 子どもが「○○○○○○」と友達に声をかけて、思いやる行動を取っていた。

▶ 子どもが落ち着いて、安定した気持ちで、くつろいでいる時に、「○○○○○○」と友達と会話していた。

〈職員とのかかわりを通して子どもが「成長」「発達」した記録の具体例〉

・職員とのかかわりを通して、子どもが、具体的に「成長」「発達」した点に着目して、記録する。

▶ 職員とのかかわりを通して、子どもが、「○○○○○○」の面で、成長・発達している。

〈実習の課題や実習の記録を書く際の注意点〉

・文章は短く、明確に記述する。

・ですます調ではなく、である調で書く。

・会話文など口語体ではなく、文語体で書く。

・丁寧な表現を用いて書くように努める。

・漢字の書き間違いをしていないか確認する。

〈3〉社会人としての基礎

Q1。実習の際、社会人として守らなければならない基本的なこととは何だろう？

・「時間厳守」「提出期限厳守」「礼儀正しい態度（丁寧な挨拶、正しい言葉遣いと態度）」。

Q2。実習記録はいつどこに提出するのだろう？

・実習記録は「翌朝」に「指定の場所」へ提出する。

Q3。集合時間は指定された時間の何分前だろう？

・集合時間「10〜15分前まで」。

Q4。挨拶する際に気をつけることとはなんだろう？

・「相手に伝わる」ように挨拶をする。

Q5。敬語など必要なのだろうか？

・「丁寧な言葉遣い」や「敬語」など、「正しい言葉遣い」を心掛ける。

〈メールを送信する際、入力するべき事項〉

（例、訪問指導担当教員へのオリエンテーション実施報告の場合）

・宛先：送信先の教員のアドレスなどを記載

・件名：オリエンテーション実施報告に伺う日時のご相談について

・本文：○○先生

　　　　おはようございます。

　　　　○○学科○○専攻の○○○○です。

　　　　オリエンテーション実施報告に伺う日時についてご相談したく、ご連絡させていただきました。

　　　　○○先生のご都合のよき日時はございますでしょうか。

　　　　お手数をおかけしますが、ご検討のほどどうぞよろしくお願いいたします。

　　　　　　　　　　　　　　　○○学科○○専攻○○番　○○○○○○

〈お礼状を郵送する際、気をつける事項〉

〈留意点〉

１．実習でご指導いただいたことのお礼として、各自で書く。

２．便箋に書いて、封筒に入れて、郵送する。

３．実習終了後、１週間ほどを目途に、できるだけ早く提出する。

４．誤字脱字がないように、敬語を使いながら、ですます調で記述する。

〈内容〉

５．実習で学んだことを伝えるために、エピソードを交えて、具体的かつ詳細に記述する。

６．実習先の先生から学んだことの中で、今後も大事にしていきたいと考えていることについて、ポジティブな表現で記述する。

〈4〉個人情報保護

Q1．Instagram、X（旧：Twitter）、LINE など SNS へ書き込んでいけないの？

・SNS へ実習に関する書き込みは絶対に行ってはいけない。

Q2．電車内や飲食店内や歩道などで実習の話をしてはいけないの？

・電車内や飲食店内や歩道など実習と無関係な場所で、実習の話をしてはいけない。

Q3．子どもたちと記念写真を撮ってはいけないの？

・実習先の指示がない限り、無断で子どもたちの写真を撮影してはいけない。

CHAPTER

3

よくある失敗から学ぶ
実習の際、気をつけるべきこと

 よくある失敗から実習の際、気をつけるべきことを
考えてみよう。

〈1〉実習施設への訪問に関して

よくある失敗例1　14時に実習先と訪問の約束を取っていたので、最寄りの
バス停に13時55分着のバスに乗った。しかし、到着時刻が予定より遅れて
14時5分に着くことになってしまった。

Q1。どうして遅れてしまったのだろう？

あなたの答え：　①

Q2。どうして約束の時間に確実につかないといけないのだろう？

あなたの答え：　②

Q3。実際には約束のどれくらい前に到着しておけばよいのだろう？　それは
なぜだろう？

あなたの答え：　③

10

〈2〉実習記録に関して

よくある失敗例2　明後日が計画実習の予定だが、実習担当職員に何も言われていないので、まだ指導計画案を提出していない（指導計画や学習レポートを出していない）。

Q1．どうして提出しなかったのだろう？

あなたの答え：
> ④

Q2．本来どうするべきだったのだろう？

あなたの答え：
> ⑤

Q3．なぜ実習計画は事前に提出しないといけないのだろう？

あなたの答え：
> ⑥

〈3〉利用者とのかかわりに関して

よくある失敗例3　利用者の見守りや観察中心の実習態度であり、利用者へ言葉をかける場面やかかわる場面が少なく、職員への質問などもなかったので、実習担当者から積極的にかかわるよう指導があった。

Q1．どうして積極的にかかわれなかったのだろう？

あなたの答え：
> ⑦

Q2．実習ではどのような利用者や職員とのかかわりが望ましいのだろう？

あなたの答え：

⑧

Q3．どうして実習では積極的に利用者にかかわるように言われるのだろう？

あなたの答え：

⑨

〈4〉SNS の利用に関して

よくある失敗例4　Instagram、X（旧：Twitter）、LINE 等の SNS に実習に係る書き込みをした（個人情報保護に努めなかった）。

Q1．どうして SNS に実習に関することを書いてしまったのだろう？

あなたの答え：

⑩

Q2．どうして SNS 上への書き込みは厳禁なのだろう？

あなたの答え：

⑪

解説の補足：学生支援システムツールの UNIVERSAL PASSPORT（ユニパ）やクラウド型教育支援サービスの manaba（マナバ）など学習・教育支援システムへの報告は可であるが、学習・教育支援システムの活用においても、担当教員の指示に従うことが望ましい。

〈5〉実習で知り得た情報を漏洩してはいけない件に関して

よくある失敗例5　実習の記録や資料をバスで読んだり、カフェで友人と会話したりしながら実習の記録を書いていたら、匿名で、実習先の個人情報が洩れているという通報があった。

Q1. なぜ公共の場で会話したり実習の記録を書いてしまったりしたのだろう？

あなたの答え：
> ⑫

Q2. 個人情報の漏洩を防ぐためにどのような対策をする必要があるだろう？

あなたの答え：
> ⑬

Q3. なぜ個人情報を保護する必要があるのだろう？

あなたの答え：
> ⑭

-------------------------------- 〈解答例〉 --------------------------------

〈1〉実習施設への訪問に関して

① バスが予定どおりに到着すれば間に合うと判断したから。

② 時間を厳守しないと、施設の先生方に迷惑がかかるから。信頼を失う可能性があるから。

③ 時間厳守のため、指定された時間の15分前には到着する。

〈2〉実習記録に関して

④ 提出するように言われなかったから。

⑤ 指導計画案は、実施する前に職員に提出して確認してもらう。

⑥ 事前に保育者からのアドバイスを受けておかないと事故やトラブルを防ぐことが難しいから。また、施設を利用する子どもや利用者にとって適したかかわりとならないから。

〈3〉利用者とのかかわりに関して

⑦ どのようにかかわったらよいかわからなかった。かかわり方を間違えたり、失敗したりと考えると不安だった。職員が忙しそうだったので、声をかけると迷惑ではないか不安だった。

⑧ 利用者へ自分から言葉をかけ、傍に行きかかわる。利用者への援助方法について職員へ積極的に質問する。

⑨ 学外学習として学びに来ているので、失敗しても構わないから。また、積極的にかかわり失敗する体験を通して、少しずつ学ぶことができるから。逆に、かかわろうとしないことは学習の機会の放棄となるから。なかでも、職員に対して、利用者への援助方法などを尋ねる質問は貴重な学びにつながる可能性が高いから。

〈4〉SNS の利用に関して

⑩ 個人を特定できないと思ったから。プライベート設定にしたから大丈夫だと思ったから。

⑪ 私的な SNS への投稿は、アカウントの乗っ取りや流出もありうるので、絶対に行ってはいけない。

〈5〉実習で知りえた情報を漏洩してはいけない件に関して

⑫ 待ち時間や移動時間を有効に活用するために、公共の場所で実習について復習したり、振り返ったりしてしまったから。

⑬ 実習に係る資料、実習の記録、情報は一切口外しない。また、家庭内でも実習にかかわることについて話をせず、実習内容について話をできないということを家族に伝える。

⑭ 利用者の個人情報を保護するとともに、実習施設の情報を保護することは専門職にとって遵守しなければならない必須事項であるため。

オリエンテーションに臨むための
電話のかけ方

Q1. オリエンテーションの電話は何のためにするの？ 上手にできるか不安……。

　オリエンテーションの日程を調整するために、実習生が自ら実習が決まった施設に電話をする必要がある。会ったことのない相手に電話をするのは誰でも緊張するものだろう。先方も、実習生が緊張して電話をかけてきていることをよく知っているので、やさしく対応してくださることが多い。うまく話せず言葉につまってしまうこともあると思うが、誠実に話そうとする気持ちを大切にして、必要なやりとりをしよう。

　また、施設実習では、他学と合同でオリエンテーションが行われることも多く、実習施設から日時の指定を受けることがある。この場合でも、オリエンテーション実施日の1週間ほど前に、確認の連絡を入れておくとより丁寧だろう。

Q2. 電話をかける前の注意点は？

① オリエンテーション日時の依頼電話は1か月半〜2か月前が目安だが、学校の指示に従う。特に指示がない場合は「自分から」確認しよう。
② 複数の実習生が一緒に実習に行く場合は、全員がそろった場面で代表者が電話をするのが望ましい。
③「いつなら都合がよいのか」と聞いていただける場合や、「実習生から連絡を入れて調整」といった指示を受ける場合がある。この場合に備えて、オリエンテーションに行くメンバーの都合のよい日程を複数準備しておくようにしよう。

Q3. 電話は何時ごろかけたらよいのだろう？

　電話をかける時間帯に注意する。お昼時（11：30～13：30）は避けよう。一般的に、お昼時を除いた、平日の10時から16時くらいの間が望ましい。

Q4. 電話をかけたとき、はじめになんて言えばいいのかな？

　「お忙しいところ、失礼いたします。●●大学△△学部□□学科○回生の★★★★と申します。現在、保育士を目指して●●大学△△学部□□学科で学んでいます。○月○日から貴施設で実習生として受け入れていただく予定になっています。よろしくお願いいたします。オリエンテーション日時のご相談のため、お電話をさせていただきました。実習ご担当の職員の方は、今お手すきでしょうか？」と伝えよう。

　上記に自分の情報を入れて準備しておこう。また、自分が話しやすい表現に改めてもよい。

　ポイントとして、施設に職員さんがおられても忙しい場合もあるので「お手すきですか？」と聞くのがスマートだろう。

Q5. 電話の相手が実習担当の職員だったらどういえばいいのだろう？

　「今お時間よろしいでしょうか」と聞くようにしよう。相手が電話に出たとしても、急いでいる場合がある。相手の都合をまず確認しよう。「大丈夫ですよ」と言われたら、話を続けよう。

Q6. はじめの電話の相手が実習担当職員ではなく、その後実習担当職員につないでもらえた場合はどうしたらいいのだろう？

　「お忙しいところ、突然失礼いたします。●●大学△△学部□□学科○回生の★★★★と申します。現在、保育士を目指して●●大学△△学部□□学科で学んでいます。○月○日から貴施設で実習生として受け入れていただく予定になっています。よろしくお願いします。オリエンテーション日時のご

相談のため、お電話をさせていただきました。今お時間をいただいても構わないでしょうか?」と、繰り返しになるが、最初に出た職員に話したように、改めて自己紹介をしよう。

「大丈夫ですよ」と言われたら、話し始めよう。

Q7. 実習担当職員が不在だった、もしくは今は出られないと言われたらどうしたらいいの?

「改めてお電話させていただきたいと思いますので、実習ご担当の先生がいらっしゃるお時間(お手すきの時間)をお教えいただけますでしょうか?」と伝えよう。

注意ポイント①　教えてもらった日時に再度連絡しよう。

注意ポイント②　忙しいからいついるかわからない、連絡先を教えてほしいなど言われた場合は、自分の養成校名、名前を再度伝え、そのうえで連絡先を伝えよう。

Q8. 具体的な日程相談はどうしたらいいの?

「実習前に一度貴施設に伺いたいのですが、ご都合はいかがでしょうか?」と尋ねよう。日時を指定されたときは、できるだけ合わせよう。難しい場合は、丁寧にその旨を伝えて、別の候補日時を提案してもらおう。

Q9. いつなら都合がよいか聞いてもらえたらどうしたらいいのだろう?

全員で決めていた都合のよい日時をいくつか伝えよう。候補が一つというのは失礼だろう。3つ〜5つくらい候補があるとよい。

Q10. シフトが決まっていないなどの理由でまだ先方の都合がわからないといわれたときはどうしたらいいのだろう?

「では、また後日日程のご相談のお電話をさせていただきたいと思います。いつごろお電話すればよろしいでしょうか?」と聞き、指定された日に電話

をしなおそう。

Q11。無事日程が決まったら他に確認することは？

　日程が決まったら、当日の持ち物や服装について尋ねよう。

　「筆記用具と、養成校で使用している『実習ハンドブック』（養成校で用意されている場合、その他テキストなど）、実習記録簿を持参いたしますが、それ以外に必要な持ち物があれば教えていただいてもよろしいでしょうか？　また、スーツで伺いたいのですがよろしいでしょうか？」と尋ねよう。実習のテーマ・目的、実習目標を書いた用紙や誓約書、健康診断書などを持参するように言われることがある。また、スーツでなくてもよいといわれることがあるが、「スーツを着てこないように」といわれない限りは、スーツで伺おう。失礼にならない私服は案外難しい。その他気になることがあれば、尋ねておきたい。

Q12。電話はどのように切ったらよいのだろうか？

　「お忙しいところお時間を頂戴し、ありがとうございました。それでは〇月△日に伺うのを楽しみにしています。よろしくお願いいたします。」と、電話でお時間をいただいたことのお礼を必ず伝えよう。また、最後まで明るい声で電話をするように努めよう。

施設実習の目標、内容、具体的な実習課題

Q1。 社会的養護系施設における実習の目標、内容、具体的実習課題ってなんだろう？

(1) 目　標

　保育士が働く児童福祉施設など実習施設の役割や機能を具体的に理解する。また、観察や子どもとのかかわりを通して子どもおよび利用者への理解を深める。子ども家庭福祉及び社会的養護など社会福祉領域の教科目の内容に対する理解をもとに、子どもの保育および保護者支援について総合的に理解を深める。そして、保育の計画、観察、記録及び自己評価について具体的に理解する。また、保育士の業務内容や職業倫理について学ぶ。

(2) 内　容

① 施設における子どもの生活と保育士の援助やかかわりと施設の役割と機能について理解する。

② 子どもの観察とその記録、個々の状態に応じた援助やかかわりを通して子どもを理解する。

③ 計画に基づく活動や援助、子どもの心身の状態に応じた生活と対応、子どもの活動と環境、健康管理、安全対策など、施設における子どもの生活と環境を理解する。

④ 支援計画を理解し活用するとともに、記録に基づいた省察について理解する。

⑤ 保育士の業務内容、職員間の役割分担や連携、専門職としての保育士の役割と職業倫理を理解する。

(3) 具体的実習課題

① 乳児院、児童養護施設、母子生活支援施設など実習施設の概要、特徴、役割について理解するとともに、施設保育士の職務を理解し、日々の生活を通してその役割を理解する。

② 社会的養護を担う施設を利用する子どもたちの多くが、それまで生活してきた家庭環境などの影響により、年齢相応の能力が認知、言葉、社会性などにおいて習得できていなかったり、情緒不安定だったりするため、そうした背景を理解した上での対応について理解する。また、不適切な生活体験を提供せざるを得なかった保護者や家族にも背景があることを理解する。

③ 社会的養護を担う施設の職員である保育士の職務を理解するとともに、安心・安定した生活を送るための保育士による生活支援について理解を深める。

④ 家庭支援専門相談員、心理療法担当職員など、保育士以外の専門職との連携による支援を理解する。

⑤ 施設では子どもたちの生活支援および個別の発達や社会性に対応した専門的な援助計画を立案し、実践しているため、子どもたち一人ひとりのニーズに対応したサービスを提供するための支援を行っている実態について理解する。

Q2. 障害福祉系施設における実習の目標、内容、具体的達成課題ってなんだろう？

(1) 目 標

　児童発達支援センターや障害者支援施設など、実習施設の役割や機能について実践を通して理解を深める。また、家庭と地域の生活実態にふれて、子ども家庭福祉及び社会的養護など社会福祉領域の教科の内容に対する理解をもとに、保護者支援、家庭支援のための知識、技術、判断力を養う。さらに、保育士の業務内容や職業倫理について具体的な実践に結びつけて理解する。そして、保育士としての自己の課題を明確化する。

(2) 内　容

① 児童福祉施設等（保育所や幼保連携型認定こども園以外）の役割と機能を理解する。

② 子ども（利用者）を受容し、共感する態度を修得する。

③ 個人差や生活環境に伴う子ども（利用者）のニーズの把握と子ども理解を修得する。

④ 個別支援計画の作成と実践など施設における支援の実際を理解する。

⑤ 子ども（利用者）の家族への支援と対応を理解する。

⑥ 各施設における多様な専門職との連携・協働を理解する。

⑦ 地域社会との連携・協働を理解する。

⑧ 保育士の多様な業務と職業倫理を理解する。

⑨ 保育士としての自己課題を明確化する。

(3) 具体的達成課題

① 児童発達支援センターや障害者支援施設など、実習施設の概要、特徴、役割について理解するとともに、施設保育士の職務を理解し、日々の生活を通してその役割を理解する。

② 障害児・者とのかかわりを通して、障害児・者の障害特性および一人ひとり異なる多様な個性について理解する。

③ 障害児・者の支援を行う施設の職員である保育士の職務を理解するとともに、安心・安定した生活を送るための保育士による生活支援について理解を深める。

④ 言語聴覚士、理学療法士、作業療法士など保育士以外の専門職との連携による支援について理解する。

⑤ 施設では障害特性および個性に対応した援助計画を立案し、実践しているため、利用者のニーズに対応したサービスを提供するための支援を行っている実態について理解するとともに、行動上の特徴やその背景に基づいた支援についても理解を深める。

施設における保育士の役割

Q1. 施設で働く保育士にはどのような役割があるのだろう?

　児童福祉法第18条の4において、保育士は、「登録を受け、保育士の名称を用いて、専門的知識及び技術をもつて、児童の保育及び児童の保護者に対する保育に関する指導を行うことを業とする者」と規定されている。つまり、保育士は名称独占の国家資格であり、保育技術を用いて子どもの保育を行うとともに、保育相談支援技術を用いて保護者への支援を行うことが求められる資格である。

　施設における保育士の役割は多岐に渡っており、たとえば、「児童養護施設運営ハンドブック」(厚生労働省雇用均等・児童家庭局家庭福祉課2014年3月)によると、保育所の保育士と異なる、児童養護施設の職員に求められる専門性として、① 日常生活支援、② 相談援助業務、③ 家事的業務、④ 学習支援・余暇支援、⑤ 健康観察、⑥ 環境整備・安全管理、⑦ 社会生活準備支援、⑧ 退所後支援、⑨ その他業務、が想定されている。

　しかし、これらはあくまでも一般的事項であり、実際には、地域性や施設の置かれた実情、子どもの特性や状況などによって左右されるため、運営形態や必要な支援はさまざまである。ましてや、児童福祉施設の種別にもよるため、保育士に求められる役割は実に多様である。

　また、施設の特性に応じてさまざまな専門職が配置されており、保育士は各専門職と連携しながら、子どもたちの安定した生活を支えるとともに、適宜、保護者へのアプローチや家庭復帰に向けての支援、里親への支援などを行っている。

Q2. 保育士を目指す実習生の実習先にはどのような施設があるのだ ろう?

　保育士が対象とする場は、保育所や幼保連携型認定こども園だけではない。児童福祉法第 7 条には13種類の児童福祉施設が規定されており、社会的養護にかかわる施設や障害のある子どもたちのための施設もある。このため、保育所や幼保連携型認定こども園だけでは、保育士の役割を学び、その基礎的な知識・技能・態度を修得する保育実習として十分ではなく、保育所や幼保連携型認定こども園以外の児童福祉施設等での実習（＝施設実習）も行わなければならない。そのうち、施設実習の対象となる施設は、「保育実習実施基準」（厚生労働省雇用均等・児童家庭局通知「指定保育士養成施設の指定及び運営の基準について」2018年 4 月27日）に規定されている。

　「保育実習 I （施設）」では、乳児院、母子生活支援施設、障害児入所施設、児童発達支援センター、児童養護施設、児童心理治療施設、児童自立支援施設、児童相談所一時保護施設、「保育実習Ⅲ」では、これらに加えて児童厚生施設が認められている。

　また、実習生数に比してこれらの施設は数が少なく、実習施設を確保するために、成人の施設であるが、障害者支援施設、指定障害福祉サービス事業所（生活介護、自立訓練、就労移行支援又は就労継続支援を行うものに限る）、独立行政法人国立重度知的障害者総合施設のぞみの園が実習施設として認められていることも、施設実習の特色であろう。

　これらの施設での実習体験は、人権感覚を培うとともに合理的配慮のあり方を学び、障害児や医療的ケア児への保育にも結びつく学習となるだろう。

Q3. 施設における保育士の役割を理解するために施設実習ではどの ようなことを学ぶのだろう?

　表 6 - 1 は、「指定保育士養成施設の指定及び運営の基準について」（厚生労働省雇用均等・児童家庭局通知、2018年 4 月27日）における「教科目の教授内容」のうち、施設実習にかかわる「保育実習 I （施設）」（必修科目）と「保育実習Ⅲ」（選択必修科目）の目標と内容を抜粋したものである。

　前者では、まず子ども・利用者とかかわることにより施設における養護・

表6-1　「保育実習Ⅰ（施設）」「保育実習Ⅲ」の目標と内容

「保育実習Ⅰ（施設）」の目標と内容	「保育実習Ⅲ」の目標と内容
〈目標〉	
1．保育所、児童福祉施設等の役割や機能を具体的に理解する。 2．観察や子どもとの関わりを通して子どもへの理解を深める。 3．既習の教科目の内容を踏まえ、子どもの保育及び保護者への支援について総合的に理解する。 4．保育の計画・観察・記録及び自己評価等について具体的に理解する。 5．保育士の業務内容や職業倫理について具体的に理解する。	1．既習の教科目や保育実習の経験を踏まえ、児童福祉施設等（保育所以外）の役割や機能について実践を通して、理解する。 2．家庭と地域の生活実態にふれて、子ども家庭福祉、社会的養護、障害児支援に対する理解をもとに、保護者支援、家庭支援のための知識、技術、判断力を習得する。 3．保育士の業務内容や職業倫理について具体的な実践に結びつけて理解する。 4．実習における自己の課題を理解する。
〈内容〉	
1．施設の役割と機能 （1）施設における子どもの生活と保育士の援助や関わり （2）施設の役割と機能 2．子どもの理解 （1）子どもの観察とその記録 （2）個々の状態に応じた援助や関わり 3．施設における子どもの生活と環境 （1）計画に基づく活動や援助 （2）子どもの心身の状態に応じた生活と対応 （3）子どもの活動と環境 （4）健康管理、安全対策の理解 4．計画と記録 （1）支援計画の理解と活用 （2）記録に基づく省察・自己評価 5．専門職としての保育士の役割と倫理 （1）保育士の業務内容 （2）職員間の役割分担や連携 （3）保育士の役割と職業倫理	1．児童福祉施設等（保育所以外）の役割と機能 2．施設における支援の実際 （1）受容し、共感する態度 （2）個人差や生活環境に伴う子ども（利用者）のニーズの把握と子ども理解 （3）個別支援計画の作成と実践 （4）子ども（利用者）の家族への支援と対応 （5）各施設における多様な専門職との連携・協働 （6）地域社会との連携・協働 3．保育士の多様な業務と職業倫理 4．保育士としての自己課題の明確化

注）表中の「保育実習Ⅰ（施設）」で、「1．保育所、児童福祉施設等の役割や機能を具体的に理解する。」とある。「指定保育士養成施設の指定及び運営の基準」において、「保育実習Ⅰ」には、保育所実習と施設実習の両方が含まれており、目標はその両者を含めた記載となっている。なお、内容は、保育所と保育所外の児童福祉施設に分けて記載されているため、後者部分のみを抜粋した。
出所）厚生労働省雇用均等・児童家庭局長通知（2018）「指定保育士養成施設の指定及び運営の基準について」を筆者により一部修正。

支援の基礎を学び、後者では、より具体的に、ニーズの把握やそれに基づく理解、個別支援計画、専門職や地域社会との連携・協働など、視野の広がりと深まりが期待されていることがわかる。

参考文献 🐾

厚生労働省雇用均等・児童家庭局長通知（2018）「指定保育士養成施設の指定及び運営の基準について」。

厚生労働省雇用均等・児童家庭局家庭福祉課（2014）「児童養護施設運営ハンドブック」。

全国保育士養成協議会（2018）『保育実習指導のミニマムスタンダード Ver. 2「協働」する保育士養成』中央法規。

PART

II

さらにおさえたい！
応用篇

CHAPTER
= 7 =
施設実習の特性①
社会的養護系

> 社会的養護系施設の概要と学びのポイントについて
> 確認しよう。

1 児童養護施設

(1) 概　要

　児童養護施設は、児童福祉法に規定されている児童福祉施設である。「保護者のない児童（乳児を除く。ただし、安定した生活環境の確保その他の理由により特に必要のある場合には、乳児を含む。以下、この条において同じ。）虐待されている児童その他環境上養護を要する児童を入所させて、これを養護し、あわせて退所した者に対する相談その他の自立のための援助を行うこと」（児童福祉法第41条）を目的としている。

　支援対象は、前述のとおり、保護者のない児童や、保護者に監護させることが適当でない児童である。また、保護者や家庭への支援も不可欠なものとなる。入所時の児童の家庭の状況に目を向けると、「親の死亡」「親の行方不明」「親の拘禁」「経済的困窮」「親の精神疾患」「親の虐待」等、さまざまな養護問題が生じていることがわかる（厚生労働省 2020）。複雑な家庭状況の中、親子分離、家庭分離を余儀なくされた子どもであることに留意しなければならない。また、支援対象の子どもは、おおむね 3 歳から18歳未満（必要に応じ入所支援を22歳まで受けることができる）と、年齢の幅が広いことも特徴として挙げられる。

　児童養護施設では、保育士、児童指導員等が子どもたち一人ひとりの自立

表7-1　ある児童養護施設の一日の流れ

起床	7：00
朝食	7：15
登校	8：00
おやつ（未就園児）	10：00
昼食	12：00
おやつ	15：00
帰園	17：00
夕食 入浴　学習	18：00
就寝	20：00（幼児） 21：30（小学生）

出所）筆者作成。

目標に合わせた支援計画をもとに、養育を行っている。基本的生活習慣の習得、確かな学力の形成、健康な心身の発達等、児童養護施設の「養育」は非常に多岐にわたる。このほか看護師（乳児が入所の場合）、事務職員、調理員、栄養士、心理療法担当職員、個別対応職員、家庭支援専門相談員、職業指導員、里親支援専門相談員などの職員、運営管理者として施設全体に責任を持つ施設長が子どもたちの生活を支えている。

　児童養護施設の“一日の生活の流れ”は、比較的緩やかに設定されている（表7-1）。その日暮らしを強いられてきた経験、明日の生活に見通しが持てないという経験をした子どもも少なくない。子どもにとって安心安全な日常生活を送れるよう各施設で創意工夫を凝らしている。職員は、子どもの主体性を尊重し、柔軟性を持ちながら共に生活を形成している。

(2) 学びのポイント

　「保育実習Ⅰ（施設)」および「保育実習Ⅲ」を通して、初めて児童養護施設を訪れる学生も多いことだろう。児童養護施設の子どもと出会ったこともなければ、支援を行った経験がない学生がほとんどではないだろうか。児童養護施設での実習を通して施設保育士のあり方を探求していく上で、どのよ

うな視点をもって実習に取り組めばよいのだろうか。

　実習という体験的な学習を通して、児童養護施設の社会的役割と機能の理解、入所児童の理解、支援内容の理解（倫理、業務、計画と記録、連携・協働等）を深めていくことが求められる。これらを達成していくためには、根幹にある「子どもの権利擁護」の視点に立ち返る必要がある。"子どもが子どもで在れる"ためには、児童養護施設は社会でどうあるべきか、児童養護施設の子どもたちはどのような姿でなければならないか、そのために望ましい日常生活支援、自立支援、心の回復を目指した支援、進路支援、家庭支援、地域の子育て支援はどのようなものなのか考えながら実習に取り組んでいく必要がある。「児童養護施設運営ハンドブック」（厚生労働省雇用均等・児童家庭局家庭福祉課 2014）では、権利擁護のために施設がとるべき姿勢として、「生きる権利」「育つ権利」「守られる権利」「参加する権利」等を保障するために、児童養護施設長及び職員は、権利擁護に関する知識及び意識を高め、子どもの人権、最善の利益を考慮した養育・支援を実践していかなければならないと説明がある。「子どもの権利擁護」の視点をもってはじめて、養育・支援の本質が浮かび上がってくるのである。

　「子どもの権利擁護」の視点は、児童への直接・間接支援時のみならず、実習記録を通した省察を行う際にも求められる。児童養護施設運営指針（厚生労働省雇用均等・児童家庭局長通知 2012）で挙げられている「社会的養護の原理」である① 家庭的養護と個別化、② 発達保障と自立支援、③ 回復を目指した支援、④ 家族との連携・協働、⑤ 継続的支援と連携アプローチ、⑥ ライフサイクルを見通した支援、と照合しながら自身の実習を振り返ることで、"施設保育士としてのあり方"についての学びを深めることができる。

2 乳児院

(1) 概　要

　乳児院は、児童福祉法第37条によって「乳児（保健上、安定した生活環境の確保その他の理由により特に必要のある場合には、幼児を含む。）を入院させて、これ

を養育し、あわせて退院した者について相談その他の援助を行うことを目的とする施設」と規定される児童福祉施設である。以前は「おおむね２歳未満」の子どもが対象とされていたが、2004（平成16）年12月の児童福祉法改正により、必要のある場合には就学前までの入所が可能となった。このように乳児院は、何らかの理由により家庭で暮らすことが困難な乳幼児に安全で安心できる養育環境を提供し、以後の人生を見通して保護者等との関係性をも支えながら、乳幼児期の生活と発達を保障する役割を担っている。また、その専門性を活かし、退所した子どもが家庭や地域社会で暮らすことを支える機能や、地域の子育て支援の機能を果たすことも期待されている（児童福祉法第48条の２）。

　2022（令和４）年３月末現在、全国に乳児院は145か所あり、2351人の子どもが入所している。入所に至った理由としては、父母の虐待や放任怠惰、父母の精神障害の占める割合が高く、在所期間は数か月から３年未満であることが多い。退所後には、家庭環境改善により家庭に戻る場合や普通養子縁組・特別養子縁組につながる場合も少なくないが、児童養護施設や里親などが次の生活の場となる場合も多いという実情である。[1]

　乳児院の職員については、児童福祉施設の設備及び運営に関する基準により、「小児科の診療に相当の経験を有する医師又は嘱託医、看護師、個別対応職員、家庭支援専門相談員、栄養士及び調理員を置かなければならない。ただし、調理業務の全部を委託する施設にあっては調理員を置かないことができる」と規定されている。このうち看護師は、０〜１歳児1.6人につき１人以上、２歳児２人につき１人以上、３歳以上児４人につき１人以上を配置することとされている。看護師の配置数の一部は、保育士または児童指導員をもって代えることができる。

　乳幼児期は著しい発達を遂げる時期であり、発達の個人差や生活リズムの違いが大きい。虐待を受けた子どもや障害・疾病のある子どもの入所も増えている。そのため乳児院では、一人ひとりの子どもの状況に留意し、職員間の連携を密にとりながら、柔軟な日課のもとで生活や遊びに関する支援が行われている。また、計画的な自立支援を行うために、一人ひとりの子どもの自立支援計画や個別援助計画が策定されている。

⑵ 学びのポイント

　乳児院における養育は、乳幼児の心身及び社会性の健全な発達を促進し、その人格の形成に資することとなるものでなければならない（児童福祉施設の設備及び運営に関する基準第23条）。そこで、乳児院運営指針では、乳児院における養育・支援の基本として次の３点が示されている。

　　① 子どものこころによりそいながら、子どもとの愛着関係を育む。
　　② 子どもの遊びや食、生活経験に配慮し、豊かな生活を保障する。
　　③ 子どもの発達を支援する環境を整える。

　乳幼児期には、特定の大人との間に信頼できる人間関係を築くことが、心身の健やかな発達のために欠かせない。そのため乳児院では、入所から退所まで一貫した担当者が養育を行う担当養育制を取り入れ、受容的で応答性の高いかかわりを通して愛着関係を形成することが重視されている。担当養育制は、養育単位を小規模化した家庭的養護の取組みでもある。実習においては、まだ話し言葉によるコミュニケーションが難しい子どもに、職員がどのようにかかわり安心できる関係を築いているかを学ぶようにしたい。

　乳児院では、食生活、衣生活、排泄、入浴、睡眠等の具体的な養育・支援を通して、子どもの心身の健康を守り、生活が豊かなものとなるよう配慮されている。遊びにおいても、玩具の個別化を認める、職員との満足しきれる交流を心がける等、一人ひとりの子どもが大切にされている実感をもつことができるように留意されている。職員は、子どもにとって安全・安心で心地よい生活をつくるとともに、発達段階に応じて環境を整え、子どもの思いの表出に応答的にかかわることによって発達への支援を行っている。実習生も、このような活動を実際に行う中で、衛生面に関する配慮、環境構成における留意点、一人ひとりの子どもの発達に応じた支援等を学ぶことになる。

　乳児院の職員は、各職種が専門性を発揮しながら、交代制の勤務により24時間365日の養育を行っている。子どもの様子を継続的に把握するための情報共有や職員間の連携の実際を知ることも、実習における重要な学びである。

$$\boxed{3}$$ 母子生活支援施設

（1）概　要

　母子生活支援施設は、職員からのサポートを受けながら、母と子が一緒に生活することのできる児童福祉施設である（児童福祉法第38条）。母子生活支援施設では、原則的に18歳未満の子どもがいる母子世帯や、離婚はしていないが諸事情により、母子で生活することを選択した女性が、子どもと共に生活している。施設では、退所後のアフターケアも行っている。数は少ないが、児童虐待を予防する観点から、また、母と子のいのちと生活を支える観点から、特定妊婦（**表7‐2**参照）への支援を実施する施設がある。

　職員配置は、母子の生活支援を行う母子支援員、入所児童の指導をする少年指導員（兼事務員）、調理員等、嘱託医となっている。その他、近隣に保育施設がない場合は保育士を置くことができる。また、心理療法を行う必要がある母子が10人以上いる場合は、心理療法担当職員を置くことができる。

　最近では、明確な役割分担をせず、職員全員が協力して母と子の生活を支援する施設も出てきた。そのため、母子生活支援施設での実習の際には、それぞれの職種が果たしている役割や、職員間の役割分担について確認することが大切である。

表7‐2　特定妊婦の定義とその具体例

【特定妊婦とは】
出産後の養育について出産前において支援を行うことが特に必要とされている妊婦（児童福祉法第6条の3第5項）

【特定妊婦の具体例】
支援者がいない妊婦、妊娠の自覚がない・知識がない妊婦、出産の準備をしていない妊婦、望まない妊娠をした妊婦、若年妊婦、こころの問題のある妊婦、知的な課題のある妊婦、経済的に困窮している妊婦、妊娠届の未提出、母子健康手帳未交付、妊婦健康診査未受診または受診回数の少ない妊婦　など

出所）児童福祉法条文、厚生労働省雇用均等・児童家庭局総務課（2013）『子ども虐待対応の手引き　平成25年8月改定版』（https://www.mhlw.go.jp/seisakunitsuite/bunya/kodomo/kodomo_kosodate/dv/dl/130823-01c.pdf　2023年9月30日閲覧）をもとに筆者作成。

⑵ 学びのポイント

　入所世帯は、母子室と呼ばれる居室で個々の生活を営む。職員は入所世帯のプライバシーを重視し、勝手に母子室に入ることを控えている。また、特に日課も定めていない。

　こうしたことから、実習生にとって施設で暮らす母子世帯の生活の様子を学ぶことは難しい。そこで、実習生に求められるのは、「観察する力」と「質問する力」である。母親が仕事に出かける時や帰ってきた時の様子、職員への態度や職員との会話、子どもたちが遊んでいる姿、子ども同士の会話をしっかりと観察することが大切である。そして、観察したことから、母と子が置かれている状況を推測してみてほしい。さらには、単なる推測で終わらせるのではなく、積極的に職員に質問することで、事実を確認してほしい。その上で、考察したことを記録してほしい。

　入所世帯のなかには、これまでの経験から他者を信頼することができない、人間関係を結ぶことが難しい人たちがいる。厳しい言葉を職員に投げかける母子もいる。しかし、こうした行動には必ず理由がある。「母子生活支援施設運営ハンドブック」には、「母親と職員との信頼関係を構築すること」が最も大切なことであると書かれており、「信頼関係によって、母親は徐々に施設に自分の居場所を感じることができるようになり、ひいては自分を肯定すること、自分の存在価値を再認識すること」につながるとしている。実習生は、職員がいかにして母親と信頼関係を結び、支援しているのかを丁寧に観察、考察するべきである。子どもへの支援では、「人との関係のなかで心地よさを経験する支援が必要」となり、そのためには「信頼できる大人とのあいだで安心できる関係を作っていくこと」が大切であると「母子生活支援施設運営ハンドブック」に示されている。また、ハンドブックには、実習生も子どもとかかわる大人の一人であると記されている。限られた実習期間ではあるが、子どもにとって大切な他者となれるよう、実習生の立場から努力してほしい。

　母子生活支援施設の職員は、複雑な生活課題を持つ母親と子どもに対して、日常生活支援を提供している。その際に大切にしているのは、母子の持つ「ストレングス」（強み）への視点である。「母子生活支援施設運営指針」によ

ると、母親に対しては、「孤独感や自己否定からの回復のため、人は本来回復する力をもっているという視点（ストレングス視点）に基づいた支援」を行うとある。また、子どもに対しても、「子どもが持っている力や強み（ストレングス）に着目」すると書いている。こうしたことに留意して、母子生活支援施設での実習にチャレンジしてほしい。

４ 児童自立支援施設

(1) 概　要

　児童自立支援施設とは、不良行為をなし、又はなすおそれのある児童及び家庭環境その他の環境上の理由により生活指導等を要する児童を入所させ、又は保護者の下から通わせて、個々の児童の状況に応じて必要な指導を行い、その自立を支援し、あわせて退所した者について相談その他の援助を行うことを目的とする施設である（児童福祉法第44条）。

　児童福祉施設の中で唯一都道府県に設置を義務付けられた施設であり、2023（令和５）年10月現在、全国に58施設ある（都道府県立50、指定都市立４、国立２、法人立２）。現在、通所利用を行っている施設は４施設に過ぎず、基本的には入所利用である。

　入所時の平均年齢は12.9歳で、在所期間は1.1年と短い。児童の75.2％が中学生であり、13.8％が小学生である。児童の入所理由は、「家出」、「窃盗」、「暴行恐喝」、「施設不適応（児童養護施設など）」、「生活指導等を要する」などで、不適切な養育を受けて育った子どもや、発達障害のある子どもがその背景としてある。

　施設の歴史は古く、1900（明治33）年に感化院から始まり、少年教護院、教護院を経て、児童福祉法改正により、1998（平成10）年に児童自立支援施設へと名称を変更し現在に至っている。1922（大正11）年に始まった少年院よりもその歴史は古い。少年院は、矯正教育を行う鍵が掛かる閉鎖施設であり、15歳以下の入所は8.9％に過ぎず、91.1％はそれを超える年齢の入所となっている。

　児童自立支援施設は、少年院のような閉鎖された施設ではなく、開放的で家庭的な小集団のなかで生活をする、非行少年の早期支援の施設である。

① 職　員

　職員は、児童自立支援専門員、児童生活支援員、嘱託医及び精神科の診療に相当の経験を有する医師又は嘱託医、個別対応職員、家庭支援専門相談員、栄養士並びに調理員がいる。

　児童自立支援専門員は、精神科医、社会福祉士の有資格者のほか、大学や大学院で指定科目を履修し1年間の児童自立支援施設での現場経験を積んだ者などである。児童生活支援員は、保育士、社会福祉士の有資格者のほか、3年間の現場経験を積んだ者である。

　伝統的な運営形態である「小舎夫婦制」は、夫婦である児童自立支援専門員と児童生活支援員が、10人程度の児童と一緒に寮舎に住み込み、生活を共にしながら支援する。しかし、小舎夫婦制で運営される施設は58施設中19施設まで減少し、通勤交替制の施設では、児童自立支援専門員と児童生活支援員の性的分業の意味は薄れてきている。

② 一日の生活

　施設の生活は、学校が施設の中にあるので（小中学校の分校・分教室）、日々の生活はほぼ施設の中で完結する。また、小舎夫婦制をはじめとした家庭的な小集団で生活をすることで、安心感・安定感を得て、情緒の安定が図られている。さらに、「枠のある生活」として、守るべきルールが明確に設定されたなかで、規則正しい生活を送っている。朝起床し、掃除やランニングなどの後、朝食、その後寮舎から学習棟に登校する。昼食は寮舎に戻って摂り、午後の授業を受ける。その後、農作業やクラブ活動を行う。夕食の後、自習、夕食、日記指導、入浴、自由時間、消灯といった流れで生活をする。

（2）学びのポイント

　「児童自立支援施設運営指針」には、ケアのあり方として、① 生活の中の保護、② 生活環境づくり、③ 生活の中の養育・教育、④ 学校教育との連

携・協働、⑤生活の中の治療・心理的ケアを基本としながら、社会的自立に向けた支援を行っている。これらの視点を踏まえて、実習に臨んでほしい。

　児童自立支援施設では、「with の精神」と言って、子どもとともに活動することを旨としている。実習生も、観察や指導という立場ではなく、ともに掃除し、ともに走り、ともに草を刈り、ともに遊び、ともに語り合うように、児童に接してほしい。

5　児童心理治療施設

(1) 概　要

　児童心理治療施設は、家庭環境、学校における交友関係その他の環境上の理由により社会生活への適応が困難となった児童を、短期間、入所させ、又は保護者の下から通わせて、社会生活に適応するために必要な心理に関する治療及び生活指導を主として行い、あわせて退所した者について相談その他の援助を行うことを目的とする施設とする（児童福祉法第43条の２）。

　1961（昭和36）年に「情緒障害児短期治療施設」として法制化された施設であるが、2017（平成29）年に現在の「児童心理治療施設」の名称に変わった。「情緒障害」の言葉が利用の抵抗となっていたことと、「短期」にもかかわらず、平均在園期間が２年を超えている現状であったことが背景にある。2023（令和５）年10月１日現在、全国に53施設あり、徐々に増えてきている。しかし、すべての都道府県に開設されているわけではなく、未だ開設されていない都県がある。

　入所時の平均年齢は10.7歳で、在所期間は平均2.2年である。入所児童の平均年齢は12.6歳で、小学校高学年の児童が31.7％、中学生が42.4％、高校生が13.0％である。次第に、高年齢化、長期化する傾向にある。

　児童の入所理由は、不登校やひきこもり、落ち着きのなさ、大人への反抗、暴言暴力、情緒不安定、パニックになるなど、また、虐待やいじめの被害を受け、PTSD の症状が出ている児童もいる。背景として、被虐待経験のある児童が78.1％を占め、85.7％の児童が発達障害等の状況にある。とはいえ、

ここでは発達障害そのものを治療するのではなく、被虐待経験や発達障害等を背景とした不適応症状など、二次障害と呼ばれるものの治療・支援を主としている。

① 職 員

医師（精神科又は小児科）、心理療法担当職員、児童指導員、保育士、看護師、個別対応職員、家庭支援専門相談員、栄養士及び調理員がいる。

心理療法担当職員は、総合的な治療・支援の中心的な役割を担っている。児童や家族への個別心理療法、集団心理療法とあわせて、(a)医師と協働して、治療方針を考えること（ケースフォーミュレーション）、(b)関係者に治療方針を伝え、支援が協働できるように調整すること（ケースコーディネート）、(c)総合的な治療を進め管理していくこと（ケースマネージメント）、(d)児童指導員・保育士や教員の相談にのること（コンサルテーション）を行っている。

② 一日の生活

基本的には生活の場として、児童養護施設と同じような、集団生活を行っており、「治療」からイメージされる病院の入院病棟のようではない。

そのうえ、施設には、心理的困難を抱え、生きづらさを感じている子どもにとって、安心感・安全感を抱けるような生活の配慮がなされている。十分な睡眠や休息がとれること、一人の時間・空間が保証されること、ほぼ変わらずに流れ、見通しを持って行動できる日課などがそうである。

心理治療は、医師や心理療法担当職員が週１回程度行っている。生活指導は、児童指導員と保育士が担当している。施設内に学校（分教室）がある施設とそうでない施設があるが、学習には特別な配慮がなされている。このように、専門職の協働により、施設全体が治療の場であり、日常生活、学校生活、心理治療など、施設内で行っているすべての活動が治療であるという「総合環境療法」が特徴である[6]。

さらに、退所する児童の37.2％は家庭復帰する[7]。保護者への支援も子どもの治療には不可欠である。

(2) 学びのポイント

　「児童心理治療施設運営指針」には、治療の場であるとともに日々の営みとして、① 養育、② 日常生活、③ 建物、設備等、④ 子ども集団の中での経験、⑤ 学校教育、学習、⑥ 退所を視野に入れた支援、を挙げている。これらの視点を踏まえて、実習に臨んでほしい。

　子どもたちは、適切な人間関係を持つことが苦手である。さらに、独自のパーソナルスペースを有している。気安く子どもに話しかけたり、ずかずかと子どもの領域に踏み込んだりしてはいけない。「教えてあげよう」と意気込んだりせず、「どうしたらいいですか」と丁寧な言葉で教えを乞うように接してほしい。

注 🐾
1 ）この段落のデータは、こども家庭庁支援局家庭福祉課（2023）「社会的養育の推進に向けて」（2023（令和 5 ）年 4 月 5 日）による。
2 ）厚生労働省子ども家庭局（2020）「児童養護施設入所児童等調査の概要（平成30年 2 月 1 日現在）」。
3 ）法務省法務総合研究所編（2022）『令和 4 年版犯罪白書』。
4 ）厚生労働省子ども家庭局（2020）「児童養護施設入所児童等調査の概要（平成30年 2 月 1 日現在）」。
5 ）全国児童心理治療施設協議会 HP（https://zenjishin.org/link.html, 2023年10月20日閲覧）。
6 ）注 4 ）と同
7 ）注 4 ）と同

参考文献 🐾
厚生労働省子ども家庭局・厚生労働省社会援護局障害保健福祉部（2020）「児童養護施設入所児童等調査の概要（平成30年 2 月 1 日現在）」。
厚生労働省雇用均等・児童家庭局児童家庭課（2014）「母子生活支援施設運営ハンドブック」（https://www.mhlw.go.jp/file/06-Seisakujouhou-11900000-Koyoukintoujidoukateikyoku/0000080110.pdf 2023年 9 月27日閲覧）。
厚生労働省雇用均等・児童家庭局家庭福祉課（2014）「児童養護施設運営ハンドブック」。
厚生労働省雇用均等・児童家庭局長通知（2012）「児童養護施設運営指針」。
厚生労働省雇用均等・児童家庭局長通知（2012）「母子生活支援施設運営指針」。（https://www.mhlw.go.jp/stf/shingi/2r98520000026rqp-att/2r98520000026rz1.pdf 2023年 9 月27日閲覧）。

施設実習の特性②
障害福祉系

障害福祉系施設の概要と学びのポイントについて
確認しよう。

1 障害児入所施設

(1) 概 要

　障害児入所施設は、障害のある児童を入所させて、保護、日常生活の指導
及び独立自活に必要な知識や技能の付与や治療を行う施設であり（児童福祉
法第42条）、「福祉型」と「医療型」に分類される。「福祉型」では、主に保護
や日常生活の支援、自立生活に必要なスキルを高めることを目的として、生
活面の支援、知識・技能修得のための作業、レクリエーションなどが行われ
る。「医療型」では、これらの福祉サービスに加え、専門的な治療も提供さ
れ、医療法上の病院として指定を受けており、児童の障害種別に合わせた専
門の医療やリハビリテーションなど医療的ケアの充実、日常生活の介護が行
われる。

　職員は、福祉型では、児童指導員、保育士、医師、看護職員、栄養士、調
理員、児童発達支援管理責任者、医療型ではこの他、入所する児童の障害種
別により、理学療法士または作業療法士、心理指導担当職員が置かれる。

　一日の生活の流れは大まかに決まっており、午前7時頃に起床、朝食・身
支度をし、特別支援学校（幼稚部から高等部）等に登校する（長期休業中は施設
内外で過ごす）。下校後はおやつや自由時間、午後6時頃から夕食、入浴など
して午後9時頃には就寝する。障害特性や幼児・児童の状況に応じて配慮さ

表8‐1　障害児入所施設の福祉型・医療型のサービス内容の違い

サービス内容	福祉型	医療型
食事、排せつ、入浴等の基本的な介護	○	○
日常生活上の相談、助言	○	○
身体能力・日常生活能力の訓練	○	○
社会参加活動の支援（レクリエーション等）	○	○
コミュニケーションの支援	○	○
疾病の治療と看護	×	○
医学的管理下での基本的な介護	×	○

出所）福祉医療機構 HP「障害児入所施設」（htps://www.wam.go.jp/content/wamnet/pcpub/jidou/handbook/service/c078-p02-02-Jidou-06.html, 2023年9月29日閲覧）をもとに筆者作成。

れ、見通しをもって生活できるように設定されている（**表8‐1**）。

(2) 学びのポイント

　厚生労働省（2021）「障害児入所施設運営指針」[1] において、障害児支援が担うべき「発達支援機能」「自立支援機能」「社会的養護機能」「地域支援機能」の4機能（「今後の障害児支援の在り方について」2014年）の質を高めることが障害児入所施設の質につながるとされる。発達支援・自立支援機能は、「福祉型」では、自立した生活を目指し、①食事、②歩行・移動、③排泄、④着替え・整容、⑤入浴、⑥公共交通機関の利用、⑦金銭管理、⑧通院管理、⑨服薬管理、⑩余暇利用、⑪行事参加がある。「医療型」では、子どもの状況に応じた適切な医療を提供し、機能の向上や健康の増進・維持を図ることで、子どもの状況に応じた生活を営めるよう支援する。また、愛着形成に向けた家庭的養育の環境整備や、児童相談所や市町村の要保護児童対策地域協議会など、関係機関との連携、親子関係再構築や家庭復帰・退所後を見据えた支援も行っている。

　障害児入所施設での保育実習では、まず実習施設が福祉型か医療型かを調べた上で、**表8‐1**を参考に、福祉型と医療型の特徴を理解しておく。ただし、それぞれの施設区分は障害種別によって分けられているのではなく、医

療の必要性が大きな違いであることに留意しておく。その上で、子どもの主な障害特性（知的障害、発達障害、精神障害、肢体不自由、重症心身障害等）について、事前に各授業等で学習したことを復習することが役に立つ。また、障害児入所施設を利用する子どもの中には、親や養育者からの児童虐待を理由に入所する子どもも増えている。愛着（アタッチメント）の形成に課題が生じ、愛着障害として他者とのかかわりにくさを持つ児童もいる。

　実習の記録を書く際には、保育者の援助や子どもの姿から、その具体的なやりとりについて記録し、特に子どもの姿では「よさ」「成長」「発達」に着目して記録するため、障害特性の理解が重要である。たとえば、子どもの体の麻痺、こだわりや多動、感覚の敏感さ・鈍感さなど、それぞれの障害特性を理解していることで、子どもの行動の背景を理解することを助け、職員から支援状況をうかがうことで、子どもの成長発達について理解することができ、実習記録に反映させることができる。

　このように障害児入所施設においては、さまざまな障害特性のある子どもへの支援のみならず、社会的養護の機能や役割も求められており、さまざまな社会的困難を抱えた子どもや家庭に対する入所による支援を行っているのである。

$\boxed{2}$　児童発達支援センター

（1）概　要

　児童発達支援センターは、児童福祉法第43条の規定に基づく児童福祉施設であり、主に未就学の障害のある子ども、またはその可能性のある子どもの支援を行う施設である。2022（令和5）年度までは、障害児入所施設と同様で医療型と福祉型に区分されていたが、2021（令和4）年6月の児童福祉法改正により、地域における障害児支援の中核的役割を担うことが明確にされ、2024（令和6）年度よりこの区分がなくなり一元化されることになった。

　「児童発達支援ガイドライン」に規定される児童発達支援センターの提供するべき支援は、発達支援（本人支援及び移行支援）、家族支援、地域支援が挙

げられる。発達支援の内容としては、「日常生活における基本的な動作の指導、知識技能の付与、集団生活への適応訓練その他の便宜を提供する」とされており、「健康・生活」「運動・感覚」「認知・行動」「人間関係・社会性」「言語・コミュニケーション」の５領域により支援が行われる。また、その子どもが児童発達支援センターから認定こども園等の地域の保育・教育施設に移行する際や、小学校や特別支援学校に進学する際に、これまでの支援を継続するための移行支援を行う。家族支援としては、何らかの支援を必要とする子どもを育てる保護者や家族を支援し、情報共有や相談を行いながら保護者ともに子どもの支援を行い、カウンセリングやペアレント・トレーニングなどの家族支援プログラム、きょうだい支援などの子育て環境に焦点を当てた支援を行っている。また、地域支援では地域の認定こども園や保育園、幼稚園、小中学校に児童発達支援センターの訪問支援員が訪問し、保育所等訪問支援事業や、相談支援専門員が地域の児童発達支援や放課後等デイサービス事業所を含む地域の福祉に関する資源とのつながりを作るように支援をしている。

　職員は、児童発達支援管理責任者（全児童の個別支援計画作成や施設運営の司令塔的役割）を中心に、保育士や児童指導員、機能訓練担当職員（作業療法士、理学療法士、言語聴覚士等）や看護師、心理士や相談支援専門員が置かれている。

　一日のスケジュールの例としては、午前９時30分頃から施設のバスや保護者送迎により登園、午前10時から身支度や排せつ、健康確認、朝の集いを行って、クラスでの設定保育などを行う。その後、お昼前頃から給食がはじまり、歯磨きや排せつ、午後からは午睡や、午睡をしない子どもは個別や小集団でのグループ活動、または作業療法等の機能訓練などを行うこともある。午後２時前後には午睡した子どもも起き、おやつを食べて帰りの集、15時頃には降園するスケジュールが多く見られる。

　このように、児童発達支援センターでは、施設内での発達支援の提供とともに、親や家族の支援を行い、地域の障害児支援、児童発達支援の中核的機関として位置づけられている。地域の認定こども園等の関係機関との連携により、インクルージョンを推進し、すべての子どもたちが地域で過ごしやすい環境整備を行う施設であると言える。

(2) 学びのポイント

　実習生がかかわることが多い子どもへの直接支援として、児童発達支援センターが提供する発達支援の支援内容を見てみよう。前述の通り、発達支援には「健康・生活」「運動・感覚」「認知・行動」「人間関係・社会性」「言語・コミュニケーション」の5つの領域が設定されているため、保育所保育指針等の5領域とも関連していることがわかる。実習生がこれまで学んできた保育の知識や技術を、施設実習としての児童発達支援センターでの子どもたちの状態や特徴を理解・支援することに役立てることが重要である。

　実習生の中には、これまで経験したことがないために、障害のある子どもとの接し方がわからず、身構えてしまうことがあるかもしれない。事前学習において、子どもの障害の状態や発達の過程・特性等の理解について学んでおくことは、実際に子どもたちとのかかわりにおいて役立つ。同じ障害名であっても、それぞれの子どもの個性や特性は異なることを理解した上で、子どもの行動を観察すること、その様子を具体的に、客観的に記録すること、実習記録に書く際に忘れてしまわないようにメモすることなど、関連する授業やこれまでに経験した実習で身に着けたことを、丁寧に復習することがよい準備となる。また、実習先ではチャンスがあれば施設職員と親や家族とのかかわりなどもよく観察することが深い学びにつながると考えられる。

3 障害者支援施設

(1) 概　要

　障害者支援施設は、障害者総合支援法第5条第11項に規定される施設で、「障害者につき、施設入所支援を行うとともに、施設入所支援以外の施設障害福祉サービスを行う施設」と規定されている。ここでいう施設入所支援以外の障害福祉サービスとは、同法に規定される生活介護をはじめ、自立訓練や就労移行支援、就労継続支援B型等がある。

　このうち障害者支援施設では、施設入所支援とともに、生活介護が組み合わせて実施されることが多い。その理由としては、障害支援区分が関係する。

障害支援区分とは、障害の多様な特性その他の心身の状態に応じて必要とされる標準的な支援の度合を総合的に示すもので、区分6（高い）～区分1（低い）または非該当までの段階で評価するものである。

　施設入所支援の対象者の障害支援区分は4以上（50歳以上は区分3以上）であり、生活介護の障害支援区分は3以上であるため、その両事業を組み合わせて障害者支援施設として障害福祉サービスの提供を行う事業所が多いのが実態である。それ以外の障害福祉サービスについても、事業を併設して実施する場合もあり、施設入所支援と同時に利用が望ましいことを理由に入所を認められることもある。それぞれの利用者の社会生活実態に応じて総合的に評価され、処遇決定がなされている。ここでは、主に施設入所支援と生活介護を行う障害者支援施設について概観する。

　施設入所支援は、施設に入所する障害のある方に、主として夜間において、入浴、排せつ又は食事の介護その他の支援（障害者総合支援法第5条第10項）を提供するものである。生活介護は常時介護を要する障害のある方に、主として昼間において、施設において行われる入浴、排せつ又は食事の介護、創作的活動又は生産活動の機会の提供その他の支援（障害者総合支援法第5条第7項）を提供するものである。障害者支援施設では、昼間は生活介護等の日中支援、夜間は施設入所支援により、支援を必要とする障害のある方に対し連続的、継続的に支援を提供し、食事や入浴、排せつ等の日常生活上の支援とともに創作的活動又は生産活動の機会の提供その他の身体機能又は生活能力の向上のために必要な支援を行い、自立を支援し、社会参加の機会を拡充することを目的としている。

　職員は、生活支援員や看護職員、理学療法士等の機能訓練士等を置いている。この他、実施する事業により就労支援員等の別の職種を置くこともある。

　障害者支援施設の一日の流れの一例としては、利用者は午前6時頃に起床し、朝の身支度を行い、午前7時頃から朝食その後それぞれ自由に過ごし、生活介護に移行して午前9時頃から日中活動として、社会技能訓練や創造的活動などのそれぞれの個別支援計画に即した日中活動を行う。午後12時頃に昼食や休憩時間があり、午後から引き続き日中活動を行う。その後施設入所支援に移行し、午後5時頃にから入浴や自由な時間を過ごし、午後6時頃に

夕食、自由時間の後に、午後9時頃に就寝する。支援に従事する職員は、日中と夜間での支援になるため、交代勤務により支援提供を行っている。

(2) 学びのポイント

　障害者支援施設においては、支援を必要とする程度が重度から最重度の利用者の方が多い。そのため、実習前の事前準備として実習に参加する施設の方針やプログラムとともに、障害についての理解を深めるため、障害の種類や特性について授業内容を復習することが必要である。障害の種類や特性については、子どもの障害特性や種類とは必ずしも同様でない点に注意すべきである。さらに、障害者支援施設で生活する利用者は、成人であり施設により年齢層も異なる。そのため、子どもの時に見られる障害特性と共に、一人ひとりの利用者が生活する中で身につけた行動上の特徴や課題がある場合も少なくない。この点を踏まえ、実習時には施設職員に利用者と過ごす際の注意事項などを確認し、実習生が気になることがあれば、すぐに報告、連絡、相談をして実習に参加することが重要である。

　また、利用者の中には言語によるコミュニケーションが困難な方もいるため、視線や表情、発声、身振りや手振りなど、言葉以外のノンバーバル・コミュニケーションから利用者の発する意思や意図を理解しようと試みることも大切である。長期間に渡り利用者と生活を共にする職員と同様のかかわりは困難であるため、実習生として職員と利用者のかかわりを観察することや部分実習として参加することから、一方的な介助ではなくその方々がいま取り組まれている課題についての支援方法や支援内容について、学ぶ姿勢が重要である。

注
1）「障害児入所施設運営指針」は、「『障害児入所施設の在り方に関する検討会』報告書」（2020（令和2）年2月）の提言を受けて、2021（令和3）年9月に発出された。「社会的養育ビジョン」において社会的養護の役割を担っていることや、18歳以上の入所者（加齢児）への対応を検討することの必要性が作成の背景にあった。

参考文献
厚生労働省社会・援護局（2017）「児童発達支援ガイドライン」。
厚生労働省社会・援護局（2021）「障害児入所施設運営指針」。

CHAPTER ⋍ **9** ⋽

実習目標の設定から
具体的な実習課題の作成へ

 実習目標の設定と実習課題の作成はどのようにしたら よいだろう。

1 実習目標の設定方法

　実習目標は、「方向指針や地図、航路のような役割」を担っており、実習がうまくいくかどうかを大きく左右する。しかし、勉強やスポーツのように「○○点を取る」とか「○○分を切る」のような数値化された目標とは違って、保育実習の目標は、つい「フワッと」した目標になりがちである。しかし、それでは、身につけることが期待される実習内容・成果までも「フワッと」したものになってしまう。よりよい実習にするため、① 生活の支援、② 施設理解、③ 課題による補完、に留意して具体的な目標を作成しよう。

(1) 生活の支援

　保育実習のテーマは、私たちと同じ毎日を生きる子ども・利用者の生活支援である。しかし、保育所保育士や教師、看護師等に比べて、施設職員の職務内容や必要な知識・技能はイメージすることが難しい。たとえ授業で学んでいても、不安が募ると、「子どもが泣いてそう」「暴力を振るわれそう」「会話もできず、身の回りのこともまったくできない」など、極端にネガティブなイメージを持ちやすい。また、過大な目標ではなく、日常に即した支援目標にしよう。

不適切な目標例

「子どもの傷ついた心を癒せるように優しい言葉をかける」

➡ 施設の子ども＝傷ついたかわいそうな子どもという先入観が表れている。また、短期間で子どもの心を癒すのは難しく、身につけるべき実習内容でもない。「被虐待児の心理的ケアができるようになる」も同様に大きすぎる。

(2) 施設理解

実習指導者から「曖昧でつかみどころがないので修正するように」と言われたが、どこをどう直していいかわからない、という場合は、施設のイメージができていないということである。施設のホームページで方針や理念、対象者、日課や行事などを調べたり、過去の実習生の記録や先輩の助言などを参考にしたり、多くの情報を集めて、施設生活と自分の活動をイメージしよう。できることなら、ボランティア活動や行事に参加して、リアルな施設生活を知るとよい。

不適切な目標例

「施設で職員が子どもとどのようにかかわっているか、観察する」

➡ 漠然としていて、何を見て何を学ぶのか分からない。「どのように」や「どんな」は、イメージができていない証である。極力、使わないほうがよい。また、「観察する」という表現は、傍観者のようなイメージを職員に与えるため、共に生活する当事者として「行動する」表現にしたほうがよい。

(3) 課題による補完

目標が、「実習中に身につけたいこと」や「なりたい自分の姿」であるならば、課題は目標に近づくための手段である。「体重を3kg減らす」という目標のために「間食をしない」という課題を立てるのと同じである。たとえば、「勉強や遊びを通して子どもとコミュニケーションをとる」という目標

であれば、「『できたね』や『次はここもやってみよう』のように達成感ややる気の持てる声かけをする」という課題にすると、目標に近づけたかどうか振り返りやすい。

不適切な目標例

「挨拶を忘れない」「わからないことは質問する」

➡ 実習目標はアルバイトのマニュアルではない。心構えではなく、実習内容を反映した課題が設定できる目標にしよう

「では、どうすればよい目標といえるのか」と悩まされることだろう。そこで、以下のチェックリストを参考に、自分の目標（と課題）を振り返ってみよう。

目標チェックリスト

☑ 10日間で達成できる目標になっているか（大きすぎず、小さすぎず）。

☑「見る」「知る」だけでなく、自分自身がかかわる目標になっているか。

☑ 達成できたかどうかを自分で判断できる目標になっているか。

不適切な例：「実習が終わっても覚えていてもらえるようにする」

➡ 子どもの感想や子どもが何かすることによって達成できるものは避ける。

☑ 援助関係を意識したものになっているか。

不適切な例：「子ども仲良くなるために、アニメや音楽の話をする」

➡「仲良くなること」を実習目標にすると、言うべきことをためらったり、職員に報告すべき情報を「秘密」として隠ぺいしたり、個人情報を教えたりと、実習の目的を見失ってしまう危険性がある。

☑ 実習先の種別がわかるような目標になっているか。

不適切な例：「その人に合ったコミュニケーションをとる」

➡ どんな施設（乳児院、児童養護施設、障害者支援施設等）でも当てはまる。

目標と課題の作り方は、「とき」と「子ども・利用者・職員」と「実習生」の関係で考えると理解しやすい。

表9－1　実習課題を立てる際の考え方（食事の場面を例に）

食事の場面で	乳児に好き嫌いがあったら	材料を言ったり、指さしたりして興味をひきつける。
		食べてみて笑顔でおいしいことを伝える。
	噛む力や飲み込みを理解するために	食材の固さや量に着目する。
		「モグモグ」や「パクパク」など子どもに合わせて声をかける。

出所）筆者作成。

　　目標例：「乳児期の保育における日常の援助を学び、発育・発達に応じた基本的なかかわりができるようになる」（乳児院）

　この場合、乳児の発育・発達がわかるのはどんな「とき」だろうか。食事や沐浴、排泄、睡眠、あそびなど幅広い。では、「乳児」はどんな様子で、「実習生」は何をするのだろうか。表9－1のように考えると課題が立てやすい。

　子どもの「できるようになりたい」という思いや葛藤、「できた」喜びや努力に共感できる保育者となるためには、自らの実習目標や課題を設定できるようになることが、その第一歩である。これまでの学びのふりかえり、実習先の基礎知識、自らの強みと弱みを理解して、適切なものにしよう。ただし、検索サイト、動画サイト、SNS等のインターネット上にある負の情報を鵜呑みにして不安になるのではなく、実習指導者の助言や自らの体験を信用するようにしよう。また、実習開始直後は、子どもや利用者のために頑張ろうと自分を見失いがちである。無理に背伸びした実習にならないように、目標を改めて確認して冷静さを取り戻すようにしよう。学びの多い実習になることを期待する。

2　具体的な実習課題の作成方法

　実習を進めるにあたって、学習の成果と結びつき、実習の目標とつながるものである。実習期間中の学びを、計画的に組み立てイメージするとともに、具体的に文字で言語化して、視覚的に示し、日々の実習において確認しながら取り組んでいくことが必要である。

　その作成にあたっては、実習生である皆さん自身が実習の意義や目的、資格取得に向けての役割を正しく理解していなければならない。自ら学びの目的と意義を理解し、取り組むことで、実習を通して学び、成長するために必要なものとして作成してほしい。

(1) 実習課題作成における取り組みの姿勢

　実習課題は、自分自身の実習をよりよくするため、円滑に進めるために計画するものであり、実習における働きや役割、取り組むべきことを明確にしてくれるものである。

　自分の学びのために設計するものが実習課題であり、見通しを持って、概ね10日間の実習の連続性を意識して作成する必要がある。実習課題を立てなくてはならないから、実習に行く上で書くように指導されたからといった、受け身の作成にならないよう心がけたい。

　保育士として力をつけたい、子どもや保護者の役に立ちたいといった、保育職へのモチベーションを大切にしながら、実践の場となる実習という学習の機会において、学びの効果を最大限に高めるために作成してほしい。

　皆さん自身の、知りたい・学びたい・発見したい・深めたいなどの学習への興味や関心、意欲といった、主体的に学びに向かおうとする好奇心と知的な欲求を満たしていくために、目的を言語化し、より具体的な計画の作成を意識することが必要である。

(2) 実習施設に対しての理解

　実習施設の種別について、事前に学習し、施設種別に対しての理解を持つ

ことが重要である。施設実習は、その実習対象となる施設が多種にわたるため、種別ごとの施設の特徴について理解し、自身が学びを深めたいと考える実習施設を選択することが必要である。

　その上で、実習施設が決定したら、児童福祉法をはじめとした根拠法等に定められる施設の目的や、子ども・利用者の特徴や生活リズム、職員の役割や働き、支援・援助の方法、実習を行う上で必要とされる知識等の事前の学習準備に取り組み、詳しくその施設に対しての理解を深めていくことが必要である。

⑶ 学習成果から考える実習課題の作成

　実習における学びでは、資格取得のために必要な施設実習における学習成果を達成できるよう取り組むことが大切である。

　学習成果とは、受講を通して身につくことが期待される内容であり、具体的に示される実習生の目標であるといえる。

　養成校における施設実習の学習成果は、指定保育士養成施設の教科目の教授内容やミニマムスタンダードの「保育実習Ⅰ（施設）の目標および内容」に示される通り、一般的に以下のような内容が示される。

① 学習成果

・施設の役割や機能を理解し、説明することができる。
・施設を利用する子ども・利用者の生活の実際やその姿を捉え、その様子や姿、生活のリズムについて説明することができる。
・観察や、子ども・利用者とのかかわりを通して、対象者への理解を深め、一人ひとりの特性について捉えることができる。
・子ども・利用者への援助について、職員の援助やかかわりの様子について体験的に学ぶことを通し、総合的に理解ることができる。
・施設保育士の業務内容や職業倫理について理解し、行動することができる
・施設の地域における役割を理解し、地域社会における専門職の働きについて、その概要を説明することができる。

② 学習成果から考える実習課題

　体験を通して身につけていくことが期待される学習成果を基礎として、実習課題を設定することが望ましい。

　実習を通して実習生自ら身につけていく資質・能力を理解し、実習における目的を主体的に考え、実習課題を具体的かつ明確に作成する。また、課題作成の際には、実習における学びの順序や段階もイメージして作成するのがよい。

　〈例〉
　〔学習成果〕
　・施設の役割や機能を理解し、説明することができる。
　・施設の地域における役割を理解し、地域社会における専門職の働きについて、その概要を説明することができる。
　〔実習課題〕
　・地域社会におけるセーフティネットとしての施設の役割や働きについて学ぶ。
　・施設の利用者について、その特性を知る。
　・施設で働く職員の役割や働きについて学ぶ。
　・施設に入所する家族とのつながりや家族へのサポートの現状について学ぶ。
　・環境構成の仕組みとその具体的な方法について学ぶ。

　〔学習成果〕
　・施設を利用する子ども・利用者の生活の実際やその姿を捉え、その様子や姿、生活のリズムについて説明することができる。
　・観察や、子ども・利用者とのかかわりを通して、対象者への理解を深め、一人ひとりの特性について捉えることができる。
　〔実習課題〕
　・子ども・利用者と積極的にかかわり、日々の様子や姿、生活のリズムについて学ぶ。

・子ども・利用者一人ひとりの特徴や様子について知る。

・子ども・利用者の生活の姿について知り、一人ひとりの興味や関心について捉える。

・言葉を発して自分の意志を示すことが難しい子ども・利用者の心情や思いを汲み取る。

・子ども・利用者への肯定的で受容的な言葉がけやかかわりを意識して取り組む。

〔学習成果〕

・子ども・利用者への援助について、職員の援助やかかわりの様子について体験的に学ぶことを通し、総合的に理解することができる。

・施設保育士の業務内容や職業倫理について理解し、行動することができる。

〔実習課題〕

・保育者の見守りや援助、指導について気づき、その意図や配慮について学ぶ。

・子ども・利用者へのかかわりに対する援助を知り、一人ひとりに即した方法を学ぶ。

・子ども・利用者へ寄り添い、気持ちを受けとめ、受容する姿について学ぶ。

・子ども・利用者の生活を見通した職員のかかわりや提案の方法について知る。

・一人ひとりとのかかわりを丁寧に行うと共に、全体的な安全管理の視点について学ぶ。

　たとえば、「子ども・利用者の生活の実際やその姿について捉える」ことを学び、子どもの姿についてより深い理解を重ね、その姿について説明することができるようになることを学ぶための方法として、「言葉を発して自分の意志を示すことが難しい子どもの心情や思いを汲み取りたい」という実習課題を設定することができる。このような実習課題を設定した場合、この課

題に実習初日から取り組むことは難しい。まずは段階的に「子ども一人ひとりの特徴や様子を知る」や、「子どもと積極的にかかわり、子どもの日々の様子や姿、生活のリズムについて知る」、「職員（保育者）の子どもへのかかわりや支援の様子について学ぶ」などの課題設定が必要であり、それらを計画し、取り組んだ先に、「言葉を発して自分の意志を示すことが難しい子どもの心情や思いを汲み取りたい」と課題を示すことができる。こうした段階的に進む保育実践をイメージし、課題を設定することが、「子ども・利用者の生活の実際やその姿について捉える」ことを学ぶ実習生の姿へとつながる。

⑷ 課題設定における注意事項

　実習課題を設定するにあたり、実習期間での達成を見通した課題の設定が大切である。実習内容や学びの意図に沿わない課題設定や、適切ではない課題設定とならないように注意をしてほしい。

　たとえば、以下のような例は、実習に臨むにあたって当然のことであったり、実習期間と実習における目的から考えた際に10日間の実習期間では達成が難しかったりするなど、実習課題として適切ではない場合が多い。

　実習課題は、概ね10日間という期間の中で、実習生が事前学習に基づいて主体的に学ぶことを通して、体験的に知識や技術を習得していくことを想定した学びの計画として作成することが大切である。

〈適切ではない課題例〉
［実習生として取り組むことが当然の内容］
・真面目に実習に参加する。
・遅刻や欠席をしないように心がける。
・子どもや利用者とかかわる。
・保育者や職員に質問をする。
・一人ひとりの子どもの名前を覚える。
・挨拶をしっかりと毎日行う。
・実習日誌を毎日記載し、遅れずに提出する。
・体調管理に気をつける。

・指導してくれる職員の話をしっかりと聞く。

・変則な勤務体系の中で、居眠りをしたりしない。

・子ども・利用者や保護者に対して丁寧にかかわる。

・きれいな文字で正しく記録を書く。

・これまでの養成校での勉強を生かして実習に取り組む。

[**実習生として取り組むには期間的に無理がある内容**]

・子ども・利用者と信頼関係を構築する。

・職員と連携・協働し、子ども・利用者への援助を円滑にすすめる。

・子どもや利用者とのかかわりにおいて、最適な援助を行うために臨機応変に物事に対応し、支援を行う。

・施設における社会の役割を踏まえ、地域社会とのつながりや連携に向けた援助に取り組む。

・施設を利用する家族や保護者との関係性を構築し、信頼されるかかわりに基づいた安心感を提供する。

・子どもの落ち着かない気持ちに寄り添い、安定的で信頼感を抱くかかわりを行い、子どもとの深い関係性を構築する。

・子ども・利用者の悩みや不安に寄り添い、相談にのり、解決策を提示する。

・計画を作成し、個別的な援助プログラムに基づいた支援を行う。

・子ども・利用者の心情と背景を丁寧に捉え、一人ひとりの状況に応じた最適な援助計画を作成し、援助を行う。

CHAPTER

= 10 =

実習記録の構成・意義・目的、守秘義務

 施設における実習記録の構成や意義・目的、そして、記録の取り扱いについて理解しよう。

1 実習記録の構成

　実習記録の様式は養成校（大学・短期大学・専門学校）によって異なるが、おおよそ次に挙げる様式が各養成校で用いられている。各様式の名称は、養成校によってさまざまである。また、どの段階でどの様式を用い、どこまで記述するかについては、養成校により指導の方針や方法は異なっている点に留意しなければならない。

　地域によっては、養成校の間で様式の違いに差が生じないようにするため、また、実習施設側の指導の円滑さのため、統一化を図っている場合がある。

(1) 実習前に作成しておくもの

・実習目標・実習課題（本書第 9 章を参照）
・オリエンテーションの記録
・実習施設より指示を受けて独自に作成しておくべき資料
・その他、養成校により独自の様式

(2) 実習前に作成できる箇所は作成しておき、実習期間中に得た情報により加筆するもの

・実習予定表
・実習施設の概要

・デイリープログラム・日課表（平日用・休日用）
・その他、養成校により独自の様式

(3) 実習期間中に記述するもの

・日々の記録（「時系列（1日の流れ）の記録」「エピソード形式の記録」）
・実習反省会の記録（毎日実習後にある場合・中間反省会がある場合・最終日にある場合）
・指導計画案（指示を受けた施設のみ）
・実習施設より指示を受けて施設独自に作成すべき資料
・その他、養成校により独自の様式

(4) 実習後に作成するもの

・実習を終えての反省と考察（実習全体を振り返って）

(5) 関連書類

・実習生個人票
・誓約書（大学宛て／実習施設宛て）
・出勤簿
・健康管理シート
・その他

2 施設おける「記録」の意味と実習生が書く「実習記録」

(1) 記録の意義と目的

　施設における記録は、子ども・利用者の生活のダイナミックスをありのままに描き出すものである。なぜなら、生活の場から紡ぎ出される苦悩や葛藤に対する見立てや働きかけが実践の基盤になるからである。生活というものは一様ではない。子ども・利用者には固有の生き方があり、日々の過ごし方があり、その生き方や過ごし方に対する子ども・利用者一人ひとりの思いや

願いがある。また、入所に至る背景・事情や家族状況についても、一個人・一家族にはそれぞれが辿ってきた歴史があり、物語がある。

　子ども・利用者が意識しているのか無意識であるのかということはあるにしても、その思いや願いはある言動やある行動となって表出される。言動や行動が意味するところを客観的に捉えて考察・検討しようとすると、記憶だけでは限界がある。そこで、文字として記録に残すことが必要である。

　記録をとることで事実関係を分析する手がかりを得て、子ども・利用者の言動や行動を意識的にとらえることができる。記録は、次の実践につなげていくために、専門職にとって必要な営みなのである。したがって、実践現場では、次の点を目的として記録が作成される。

①　子ども・利用者の感情の動きや身体状況の変化、生活面や人間関係の変化などを書き留めることにより、身体的側面・心理的側面・社会的側面から子ども・利用者の全体性を理解する。専門職自身の感情の動きに焦点を当てる場合もある。
②　ある事実の結果だけではなく、前後関係を確認・整理し、できるかぎり正確に情報を把握する。
③　支援計画の作成・見直しに活用し、個別の支援方針や支援方法に一貫性と継続性を持たせる。
④　他職種と情報を共有し、専門職間で連携や協働を図るための資料として活用する。
⑤　より適切な支援に結びつけていくために、専門職としての自身の支援行動を客観的にふりかえる。
⑥　次世代を担う専門職の育成やスーパービジョン、実践活動の分析・研究のために活用する。

（2）実習生として心がけたい記録

　実習生には、こうした記録の意義や目的を理解した上で、実習指導者や教員に書いた内容や意図が伝わる実習記録を意識的に書くことができるようになってほしい。実習記録は、子ども・利用者の姿を通して、実習生と実習施

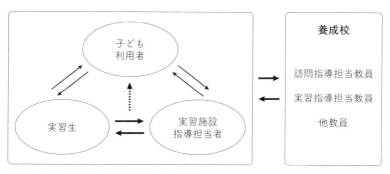

図10‑1　実習生－実習施設－養成校教員をつなぐツールとしての実習記録
出所）筆者作成。

設指導担当者、そして養成校の教員をつなぐツールなのである（図10‑1）。
そのために、実習生として心がけておきたいことは次の点である。

① 事実が具体的に記述されていること

　a．事実そのものやその事実が起こるまでの前後の流れ、その場の雰
囲気について、自分以外の人が読んでも伝わるように、できるかぎ
りあいまいさを避け、具体的かつ正確に書くよう努める。

　b．子ども・利用者のことばや行動、子ども・利用者に対してどのよ
うに働きかけたかについて、ありのままに書き、実習生として実践
した内容を適切に表現できる力の修得を目指す。

　c．時間が経てば経つほど記憶はあいまいになっていく。できるだけ
早く、携帯用のノートを活用するなどして記憶が確かなうちに記録
に残すことが必要である。ただし、子ども・利用者の目の前でメモ
をとることは慎み、休憩中などタイミングを見計らって書くように
する。また、実習中にメモを持つことを認めていない施設もあるた
め、メモには一定の配慮が求められる。いずれにしても、記録に追
われて、肝心な対象者とのかかわりを疎かにすることがないよう心
がけたい。

② 実際にあったこと（事実）と記録者の判断（意見・感想・評価）を区別
して書くこと

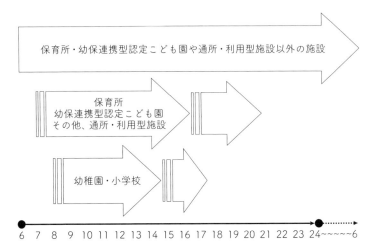

図10-2　実習記録を書き留める時間の範囲

注）実習生の宿泊実習の場合、職員の交代制勤務に準じた取り扱いとなるため、日によって勤務形態（早出、日勤、遅出、夜勤など）が異なる場合が多い。通勤実習であっても、1～2度の夜勤が組まれる場合がある。
出所）筆者作成。

　　a．その日の実習をふりかえり、実習体験の意味を考えることが実習
　　　　生として大切である。
　　b．「今日は、○○をして、△△した。」のように、出来事の羅列に終
　　　　わらないように心がける。「どのような出来事に対して、どのよう
　　　　に感じたか（考えたか）」「どのような判断をして、どのように行動
　　　　したか（働きかけたか）」について、できるだけ具体的に書くように
　　　　努める。
　　c．毎日の「考察・所感・反省」では、特に印象に残っているエピ
　　　　ソードを1点～2点に絞り込み、具体的に記述するよう心がける。
③感情の交流（子ども・利用者と実習生、職員と実習生、実習生の内面の動きな
　ど）も書き留めること。
④単なる推測や憶測で判断することなく、できるかぎり事実関係を把
　握するよう努める。
⑤記録をとる習慣を身につけ、適切な記録方法を修得する。

こうした事柄に留意しながら、実習記録を毎日書き、毎日提出して指導を受けなければならない。苦しくても書くことを継続し、期限に間に合わせる姿勢こそが、保育士としての歩みを着実に進めるために大切である。

また、入所型施設での宿泊実習では、朝・日中・夜間の心理状態や起こった出来事などによって変化する、子ども・利用者のさまざまな姿と出会うことになる。それも、保育所実習や教育実習とは異なる施設実習の醍醐味の一つであり、記録に書き留める生活時間帯の差となる（図10‐2）。

3 実習記録の取り扱いと守秘義務

実習記録は個人的にも貴重な"財産"となる。保育職や福祉職に就いた人には、かつて実習生だった頃の新鮮な感覚に立ち返り、現在の実践の励みとなるだろう。思わしくない経験をしていた場合は、その時の記憶がよぎるかもしれない。しかし、そうした経験を受けとめ、前向きに考えられるようになったなら、それは現在の実践に活かされ、あなたをさらなる成長へと誘ってくれる。

しかしながら、どのような経験であっても、ある事実と向き合い、そこから学び得た時の感覚は、日を追うごとに薄れていくものである。だからこそ、どのような意図で何を記述したかが分かる表現方法により、その時のあなたに戻れるような実習記録を心がけてもらいたい。

さて、2013（平成25）年３月に、厚生労働省は「福祉分野における個人情報保護に関するガイドライン」示し、改めて記録をはじめとする個人情報の取り扱いについて注意喚起した。ガイドラインを作成した趣旨として、「福祉関係事業者は、多数の利用者やその家族に関して、他人が容易には知り得ないような個人情報を詳細に知り得る立場にあり、社会福祉分野は個人情報の適正な取扱いが特に強く求められる分野であると考えられる」とされた。

このように個人情報の保護については細心の注意が払われるべきであり、実習記録といえども、公的な記録であるという自覚と責任を持たなければならない。つまり、守秘義務を徹底し、大学での学習以外の目的で、第三者に

記録を見せることがあってはならない。ましてや、紛失することなど絶対にあってはならない。それは、卒業後もずっとである。

　なお、福祉分野についてのガイドラインは、2015（平成27）年９月の「改正個人情報保護法」の成立と、2017（平成29）年５月に、すべての分野に共通する「個人情報保護に関する法律についてのガイドライン（通則編）（第三者提供時の確認・記録義務編）（外国にある第三者への提供編）」が策定されたことに伴い、この新ガイドラインに一元化され、廃止されている。

参考文献 🐾

栗田修司（2010）『わかりやすい福祉支援の記録』相川書房。

日本ソーシャルワーク教育学校連盟編集（2021）『最新　社会福祉士養成講座８　ソーシャルワーク実習指導・ソーシャルワーク実習［社会専門］』中央法規出版。

「学びが深まるソーシャルワーク実習」編集委員会編（2021）『学びが深まるソーシャルワーク実習』ミネルヴァ書房。

守巧・小櫃智子・二宮祐子・佐藤恵（2014）『施設実習　パーフェクトガイド』わかば社。

CHAPTER

= 11 =

実習記録のポイント

―――「時系列の記録」と「エピソード形式の記録」―――

日々の実習記録の書き方について、具体的にポイントを整理しておこう。

　日々の記録の形式には、「時系列の記録」と「エピソード形式の記録」がある。オモテ面を時系列の記録、ウラ面をエピソード形式の記録としている養成校が多い。社会福祉実践の記録法として長らく知られているのは、次に挙げる岡村重夫（1965）の分類である。

① 叙述体……事実を時間軸に沿って記述する方法である。詳細に書いていく「過程叙述体」と、要点をまとめる「圧縮叙述体」がある。主に、時系列の記録に用いられる。
② 要約体……事実関係の要点を整理する方法である。エピソードの概要をまとめるのに適している。
③ 説明体……専門職の解釈や判断について説明する方法である。エピソードについて専門職の視点からの考察を記述するのに適している。

　時系列の記録は、時間の流れに沿って、子ども・利用者の活動や保育者・支援者の援助・配慮、そして、その活動において、実習生がどのよう動き、子ども・利用者とかかわり、どのようなことに気づいたのかについて記述していく。実習生の気づきや学びなども含めて記述してほしい。
　エピソード形式の記録は、その日起こったある出来事や印象に残った場面に焦点を当て、具体的な場面展開や子ども・利用者と実習生とのかかわり、

図11−1 「時系列の記録」のポイント

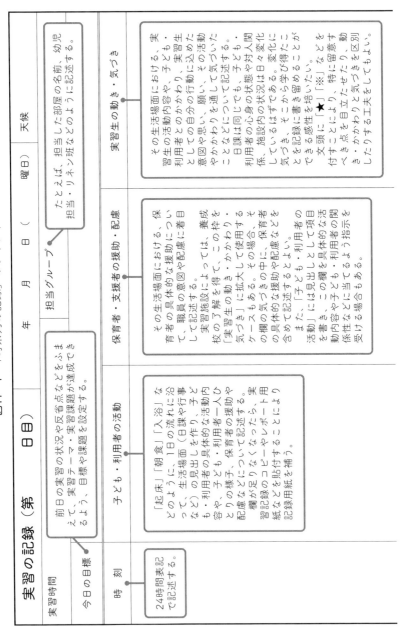

実習の記録（第　　日目）

| 実習時間 | 年　　月　　日（　）曜日　天候 |

今日の目標
前日の実習の状況や反省点などをふまえて、実習テーマ・実習課題が達成できるよう、目標や課題を設定する。

担当グループ
たとえば、担当した部屋の名前、幼児・担当・リネン班などのように記述する。

| 時　刻 | 子ども・利用者の活動 | 保育者・支援者の援助・配慮 | 実習生の動き・気づき |

24時間表記で記述する。

「起床」「朝食」「入浴」などのように、1日の流れに沿って、生活場面（日課や行事など）の見出しを作り、子ども・利用者の具体的な活動内容や、子ども・利用者一人ひとりの様子、保育者の援助や配慮などについて記述する。実習記録のコピーやレポート用紙が足りなくなったら、実習記録用紙を貼るなどすることにより記録用紙を補う。

その生活場面における、保育者の具体的な援助について、職員の意図や配慮に着目して記述する。実習施設によっては、養成校の了解を得て、この枠を「実習生の動き・かかわり・気づき」に拡大して使用する場合もある。その中で、保育者の気づきや利用者への具体的な援助や配慮などを含めて記述するとよい。また、この欄を見出しとして項目を書き、子ども・利用者的な活動内容などや子ども・利用者の関係などについてるよう指示を受ける場合もある。

その生活場面における、実習生の活動内容や、子ども・利用者の行動や実習生としての自分のかかわりを通して、その活動の意図や思い・願い、気づいたことなどについて記述する。子どもなどの状態や対人関係、施設の状況は日々変化している。そこから学び得たことを記録に留めることができる感性を培いたい。文章に「！」や「★」などを付すことにより、特に留意すべき点を目立たせたり、持った意図する動き・かかわりと気づきを区別したりする工夫をしてもよい。

66

書かれた文字や書きる書き方に、実習に向かう実習生の姿勢や態度が表れる。したがって、次の点を心得ておいてほしい。

a. 実習生だけが理解できる書きる書き方ではなく、職員や教員に伝わるよう読みやすい表現で書く。
・文の冒頭、改行した１行目は１文字分あける。
・適度に段落を変える、小見出しをつけるなどして、読みやすくなるよう工夫する。
・句読点をうち、ダラダラとした印象にならないよう心がける。
・発言の主体者が誰なのかを明らかにし文にする（Aさんが、「○○○。」と言った。）。
・文頭の主体者と文末表現が矛盾するねじれ文にならないよう注意する。
・主観的な表現やあいまいな表現にならないよう具体的に書く。

b. 誤字・脱字がないよう電子辞書等で調べて正確に記述する。

c. 黒のボールペンやペンを使用する（消すことができるペンは使用しない）。
・間違えたときは、原則上から二重線を引き、訂正印を押す。
・ただし、実習生は間違いが多いため、修正液等の使用が認められる場合もある。養成校で指示を受けたり、事前に施設の指導担当者に確認したりする。

d. 発言者のことばのニュアンスを伝える目的以外なら、流行語や俗語などを使用しない。

e. 差別的な表現や上から目線と思われるような表現にならないよう、保育士として適切な文章表現を心がける。実習生はその表現方法にも常に敏感でなければならない。

f. 利用者名は原則としてイニシャルで書く。ただし、実習後にイニシャルに改めるなど、実習先によって指示が異なるので事前に施設の指導担当者との間で確認しておく。また、性別が分かるように「Aさん（男性）」「Bさん（女児）」のように記述する。

図11－2　「エピソード形式の記録」のポイント

考察・所感・反省

ここでは、特に印象に残った場面・出来事（エピソード）を取り上げて記述する。自分自身が課題として設定したテーマとの関係が明確になるような場面があれば焦点を当ててみる。

社会福祉や介護の実践記録にも適用される看護記録の方法として、POS（Problem Oriented System：問題志向型システム）をもとにしたSOAPがある。S（Subjective Data：主観的事実＝記録者の主観的な解釈が入り込むクライエントの発言等）、O（Objective Data：客観的事実＝発熱や嘔吐などの身体状況や第三者の目から見て明らかな行動等）、A（Assessment：評価＝記録者の気づき・考察・判断）、P（Plan：計画＝今後の方針や支援内容等）のように、項目に分けて書くもので、クライエントの課題に焦点を当てた記録法である。

最近では、生活支援記録法として、６つの視点から記述するF-SOAIPが、福祉・介護分野の研究者により開発されている（嶌末・小嶋2020）。SOAPを基本として、F（Focus：焦点＝取り上げるニーズや記録者としての気がかり）とI（Intervention/Implementation：実践＝実行された記録者の対応や支援内容等）の視点が加わる。

実習生であれば、たとえば、着目した場面（F）とその理由を挙げた上で、その場面において、子ども・利用者の発言（S）がどのように、どのような環境（O）のなかで発せられ、実習生としてその発言や行動をどのようにとらえ（A）、どのように働きかけたか（I）、そして、それを踏まえて次はどのように対応しようと考えたか（P）を記録すればよい。

保育分野では、河邉貴子（2019：4）がSOAPから保育記録の視点を考察しており、「S＝幼児の姿」と「O＝読み取り」を「幼児理解」、「A＝願い」と「P＝環境の構成」を「理解に基づいた援助」として位置づけている。

養成校によっては、「注目した場面」「実践したこと」「その場面での実践を通して感じたこと」「そこから学んだこと」「課題として残したこと・反省点」「この場面（エピソード）を取り上げた理由」などのように、あらかじめエピソード記録の枠を設定している場合もある。

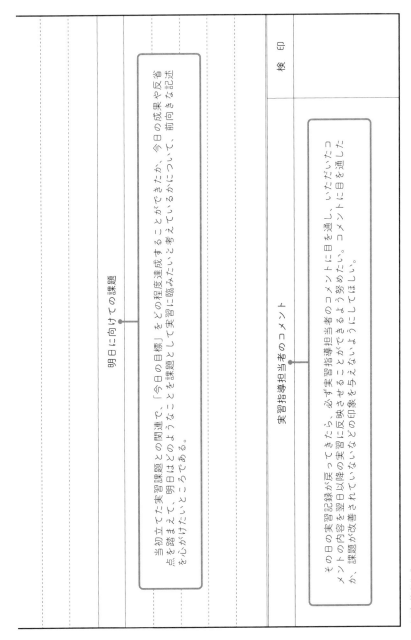

明日に向けての課題

当初立てた実習課題との関連で、「今日の目標」をどの程度達成することができたか、今日の成果や反省点を踏まえて、明日はどのようなことを課題として実習に臨みたいと考えているかについて、前向きな記述を心がけたいところである。

実習指導担当者のコメント

その日の実習記録が戻ってきたら、必ず実習指導担当者のコメントに目を通し、いただいたコメントの内容を翌日以降の実習に反映させることができるよう努めたい。コメントに目を通したか、課題が改善されていないなどの印象を与えないようにしてほしい。

検　印

出所）筆者作成。

実習生としてのその時の心の動きや思いなども含めて考察を深めていくものである。

　図11‒1と**図11‒2**は、それぞれ「時系列の記録」と「エピソード形式の記録」の各事項について、ポイントを整理したものである。養成校によって様式は異なるが、基本的な事柄はおおよそフォローしているので、参考にしてほしい。

参考文献 🐾

岡村重夫（1965）『ケースワーク記録法　その原則と活用』誠信書房。

河邉貴子（2019）「次の保育につながる『記録』とは？」『これからの幼児教育　2019春』ベネッセ教育総合研究所。

嶌末憲子・小嶋章吾（2020）『医療・福祉の質が高まる生活支援記録法 F‒SOAIP　多職種の実践を可視化する新しい経過記録』中央法規出版。

CHAPTER

≈ 12 ≈

失敗例に学ぶ実習記録の実際

 先輩実習生の失敗はこれから実習に臨む皆さんの糧となる。
失敗例を通して、コツをつかんでみよう。

1 出来事の羅列 → 気づきや考察、反省点なども含めて記述しよう

時　刻	子ども・利用者の活動	保育者・支援者の援助・配慮	実習生の動き・気づき	
10：00	○作業 ●ハンコ押し ●ボールに洗剤とか を入れ、くるくる と回して遊ぶ。	○作業 ●バラ作り ●布で絵を書く。	○作業 ●バラ作り ●ハンコ押し	項目だけが、羅列的 に並んでいる。実習 生がしたこと、また、 活動を通して気づい たことなども含めて 記述しよう。
11：45	○手洗い	○昼食準備	○昼食準備	

＊表中の「○」は見出しであり、「●」は各項の主体者が行った事柄である。

2 ＋αの具体性
→ 学びにつなげていけるようなより具体的な記述を心がけよう

時　刻	子ども・利用者の活動	保育者・支援者の援助・配慮	実習生の動き・気づき
18：00	○歯みがき・排泄 ・歯ブラシを口にくわえ たまま<u>ふざけていた</u>。 また、電気を付けたり、 消したりして<u>遊んでい た</u>。	・担当の先生が、食べ終 わった子どもに、「歯 みがきしてね」と声を かけたり「服が汚れた ら着替えてね」と声を かけたりしていた。 ・歯ブラシでふざけてい る子どもには、なぜそ れがダメなのか<u>伝えて おられた</u>。	・ふざけて歯みがきをして いる子どもに「のどに刺 さったら危ないよ」と声 をかけたが、なかなかや めず、どうしたらよいか <u>悩んだ</u>。

71

19：00	お風呂上がり ［この間の出来事や子ど 　もたちとの交流も書き 　留めたい。	お風呂上がりの小学生た ちに声かけする。	ドライヤーを当てて女の子 たちの髪の毛を乾かした。
21：00	小学生たちの寝かしつけ	○○班では一緒に折り紙 をしていた。	○○ちゃんにティーカップ の形の折り紙をもらう。

＊「ふざけていた」　　→　どのような行動がふざけているように見えたのか。
＊「遊んで」　　　　　→　実習生からみた主観的な評価である。この表記は削除してもよい。
＊「伝えておられた」　→　具体的にどのような声かけがなされ、それに対して子どもたちが
　　　　　　　　　　　　　どのような反応をしていたかについても書き留めておくことが、
　　　　　　　　　　　　　下記の悩みに応えることになるだろう。
＊「悩んだ」　　　　　→　子ども自ら行動の修正に結びつくよう声かけの仕方などについて、
　　　　　　　　　　　　　先生方の試みや工夫から学びたいところである。

3 前後関係の考察
→ 決めつけにならないよう背景を考えた記述を心がけよう

時　刻	子ども・利用者の活動	保育者・支援者の援助・配慮	実習生の動き・気づき
9：00	○登園（幼児） ・今日から制服登園のた 　め、制服に着替える。 ・Aくんが、お茶を幼稚 　園に持って行くと言い 　出して、泣き出す。	・「幼稚園に行かない」 　と言ったAくんに、 　職員は、「じゃあ、幼 　稚園に連絡しとくわ」 　と言い、電話の音が鳴 　る効果音を使う。	・何度言っても言うことを 　聞かない時は、電話をか 　けるフリや食べるフリを 　すると、子どもは「ダ 　メ」「嫌」と言いながら 　行動する。

＊言うことを聞かせているように実習生は受けとめたようである。何らかの出来事が背景と
なって、うまく言語化できない思いが、子どもの言動や行動となって表れたとは考えられ
ないだろうか。思い込みで判断することなく、子どもの気持ちを確かめたり、前後の行動
を考察することが子どもの心情理解につながる。

この場面に着目して、関連する事例をエピソードとして記述した。

考察・所感・反省
Bくんが幼稚園の制服に着替えない場面に着目した。脱衣所に制服を持って行ってか らなかなか帰って来なかったため、確認しに行ったところ、Bくんはまだパジャマのま まだった。私が「着替えようよ」と言っても、「嫌。どっか行って」と言い、着替えて くれなかった。そこで、「じゃあ、Bくんの朝ごはん食べてもいい？」と聞いてみた。

　　Bくんは「いや」と答えた。「何してほしいの？　手伝ってほしいの？」と聞くと、「うん」と答えた。Bくんは、手伝ってほしいことを恥ずかしがっているようにも思えた。着替えていないことに怒るのではなく、なぜ着替えられないのか大人側が考える必要があると感じた。

　　子どもが「嫌」という時、ただ単に「嫌」と言っているわけではなく、言葉で伝えきれない、言いたい思いを隠すためであると学んだ。されて嫌なことを大人側が言い続けるよりも、何かを一緒にしてみることを考えた方が解決することもあるだろう。

＊何が嫌なのか、どうしたいのかを確認しなければ根本的な解決につながらない。言語化が苦手であれば、具体的な提示や提案をしてみることで状況が変わる可能性もある。こうした場面を、どのような方法を取ることが、子どもの心情に焦点を当て、気持ちの表出につながるのかについて検討するきっかけとしたい。

4　失敗例に学ぶ実習記録の実際

　実習記録は、実習における学びの成果を表すものであり、毎日の記録を丁寧に行ない、具体的に実習を振り返ることができるような記載として蓄積されていくことが望ましい。

　以下には、実習生が間違いやすいポイントとして、障害児入所施設での実習生の実習記録の記載を一部変更しながら例として示す。そして、施設における指導者からのアドバイスを参考に、修正した実習記録の例文を示す。

(1) 実習の目標に沿っていない

➡本日の目標に沿った内容を実習生の学びや気づきとして記載していない。

〈実習生の記録〉

> 本日の目標：言葉にして自分の思いや意見を示すことが難しい子どもに対して、自分からかかわり、子どもの気持ちや考えに寄り添いたい。
>
> ----
>
> 　Aくんと自由遊びの時間に歌あそびをして一緒に遊んだ。普段から棟では、テレビやラジオから流れてくる音楽に合わせて鼻歌のように楽しそうにしている様子があり、Aくんは特に、大きな声を出して歌を歌っていた。Aくんは、いつも私のそばに来て、「先生あのね」と今日の出来事などを伝えようと話を

してくれており、歌が好きということも先日教えてくれていた。そのため、今日の自由遊びでは、Ａくんと一緒に歌を歌おうと考え、季節の歌の楽譜を準備していた。Ａくんがいつものように話しかけに来てくれたので、歌あそびを誘い一緒に季節の歌である「○○○」を歌った。Ａくんは体を揺らすようにしながら、大きな声で歌ってくれて、嬉しくなった。もう一回と言いながら、何回も歌ってくれて、また一緒に歌う約束をした。

〈職員からのコメント―抜粋〉

　　Ａくんのために、考えて準備をしてくれてありがとう。お姉さんと一緒に歌っている姿をみていましたが、本当に大きな声で楽しそうにしていました。周りにいる子どもも一緒に歌っていたり、楽しそうにそちらをみている子どもの姿があり、わたしたちも、こうした歌を歌う遊びも日々の中に取り入れていこうと思いました。また、一緒に歌ってあげてください。

※（後日、実習指導担当者からのコメントとして）計画して準備して、子どもの姿を捉えた遊びに一緒に取り組んでおり、とても良い内容だった。ただ、事前に準備をしていたので、本日の目標は、「子どもが興味をもって取り組む歌あそびに一緒に取り組み、子どもとの関わりを深めていく」等の目標が適切であったと思う。目標を変更しないのであれば、言葉を発することや自分の思いを示すことが難しい子どもへの、実習生のかかわりとして記録してもらえるとさらに良い。絵本を持って歩いていたＢくんへ声をかけて、横に座って読んでくれていた場面は、目標に沿った学びの場面であった。

〈修正例〉

　　自由遊びの時間、Ｂくんが絵本を持って部屋の中を歩いていた。様子をみていると、座って開こうとしたり、読んでみようとしたりする姿は見えなかったが、絵本を大事に抱えており、周りを見ているように感じた。Ｂくんとは、あまり話をしたり、一緒に遊んだりしたことが、これまでの実習期間では少なかったため、声をかけてみるチャンスだと思い、「絵本面白そうだね」と言葉をかけてみた。Ｂくんは言葉を出すことがほとんどなく、話しかけても、これ

まであまり大きな反応はなかった。今回も言葉やうなずきなどの様子はなかったが、私の方に顔を向けてくれたので、「絵本いいね、楽しそうな絵本だね、これは何の絵本かな、一緒に読んでもいい？どう？」と言って、手を出してみると、繋いでくれた。私はとても嬉しくなり、近くの壁のところに座り、「一緒に読もうね」と言って、絵本を開いて半分を持たせてもらい、声に出して読んでみた。Ｂくんは、横に座ってくれて、絵本の方を向いて、話を聞いてくれているような様子であった。短い絵本ではあったけれど、最後まで隣に座ってくれていた。読み終わるとこちらを向いたので、「もう一回読んでみる？」と聞くと、下を向いたので、また同じように一緒に読んだ。この場面を通して、Ｂくんの気持ちに気づいて、考えることが出来たように感じた。

(2) 支援の主体が不明瞭な記載

➡ 私が支援しているのか、誰が支援しているのか、子どもの動きなのか、保育者の動きなのか分かりにくい記載となっている。

〈実習生の記録〉

午後の時間、少人数であったため、天気が良かったこともあり、お散歩に行くよう促してお散歩に出かけた。それほど長くない距離であったため30分程度外を歩くお散歩をして、お散歩のあとは園庭で遊びながら、話をして遊んだ。

砂遊びをしたり、ブランコに乗ったりしながら、みんなで楽しく遊んでいた。砂遊びではスコップを使い、小さな山を作ったり、穴を掘ったりしながら遊んだが、スコップの取り合いになってしまい、取らないように声をかけてみたが、収まらずに、大きな声をあげてしまった。他の子どもがびっくりしてしまい、かかわり方が難しいと感じた。明日からは、子どもの様子を見守りながらもっと上手にかかわりたいと思う。先生は声をかけてくれて「大丈夫」と言ってくれたが、子どもが驚いてしまったこともあり、明日からは気をつけていきたい。

〈職員からのコメント―抜粋〉

子どもとのかかわりの部分は、難しいことが多いですよね。一人ひとりの特徴を踏まえながら、試行錯誤しつつ色々とかかわっています。今回の場面も落

ち着かない子どもの姿があり、難しい面もあったと思います。少しずつ慣れて
いければよいですね。

※（口頭での話として）日誌の表現において、子どもの行動なのか、実習生の
　行動なのか読み返してみると分かりにくい部分があるため、主語を示して、
　誰が誰に対して行ったことなのか、意識して書いてみるとよい。

〈修正例〉

　昼食を終えて午後の時間、降園した子どもが多く、少人数となった。天気が
良く心地良い温度であったため、保育者からの提案で、お散歩に行くことと
なった。往復で30分程度、安全に配慮しながら戸外にてお散歩をした（※散歩
の様子を記しても良い）。戻ってきてから、園庭で、砂遊びをしたり、ブランコ
に乗ったりしながら、みんなでお話をして楽しく過ごしていた。砂遊びの場面
では、小さなスコップを使い、小山を作ったり、穴を掘ったりしながら遊んで
いたが、子ども同士で、スコップの取り合いが始まってしまった。そばにいた
私は、互いに取らないように、子どもに声をかけてみたが、収まらずに取り合
いが続いてしまい、Ａくんが叫ぶような大きな声をあげてしまった。そのため、
周囲にいた他の子どもはびっくりしてしまい、集中しながら遊んでいた他の子
どもも遊びの手を止めたり、落ち着かない様子となってしまった。どのように
言葉をかけて、仲立ちをしたら良いのか分からず、そばにいたのにＡくんや他
の子どもを不安にさせてしまい、援助とかかわり方が難しいと感じた。近くに
いたＢ先生が、子どもに対して「大丈夫だよ、心配ないよ、びっくりしたかい。
Ａくんも使いたかったけど、もうちょっとしてからだったね、よし、一緒に遊
ぼうか」と言葉をかけてくれたので、その後は少しずつ子どもの様子が落ち着
いていった。

　明日からは、子ども一人ずつの様子を見守りながら、子どもが楽しみながら
も落ち着いて過ごすことができるように言葉をかけていきたい。また、積極的
に子どもの遊びの場面に参加し、子どもとかかわる機会を多く持って、先生の
言葉がけや援助の方法について学んでいきたい。

(3) 自分の学びのように記載する

➡ 保育者からの指導内容を自らの気づきや考えのように記載する。

〈実習生の記録〉

> 　自室の前で落ち着かない様子のＡくんの姿があり、「どうしたかな？」「なにかあったかい？」と声をかけた。Ａくんは下を向きながら居室の前をウロウロしており、私の言葉がけにも反応を示すことがなかった。何か探しているようにも見えたがそうではなく、先程まで一緒にいたＢくんとの間で、互いに嫌だと感じることを言い合ったようであった。普段からＢくんと一緒にいるため、言い合いをしてしまったことが、Ａくんにとっては嫌なことであると同時に、落ち着かない不安なこととして感じてしまったようであった。Ａくんの様子であったからといって、Ａくんだけに注目して何があったのかを考えるのではなく、周りの子どもに話を聞いたり、他の子どもの様子にも目を配って、起こった出来事を推測できるようにしていきたいと思う。

〈職員からのコメント―抜粋〉

> 　今日の振り返りの時間に、お話をした通りで、一人の子どもの姿に注目することは大切ですが、それだけでは、気づくことが出来ないこともたくさんあります。私たちも毎日、試行錯誤しながら、今日の子どもの様子を知ろう、理解しようとして取り組んでいます。子どもの様子は、生活の中で起きていることなので、他の子どもの様子や姿から知ることや手がかりにして気づくことが出来ます。ぜひ、周りの子どもや他の先生の力を借りながら、子どものことを知っていってくださいね。
>
> ※（後日、実習指導担当者からのコメントとして）自分で気づいたことや考えたことと、教えてもらったことや指導を受けたことは、分けて記載をすることが大切である。教えてもらったり、指導を受けたことは、実習生が学んだ瞬間であり、その学びを受けとめて、実習生はどのように感じたかが大切なこととなる。自分で感じたことや気づいたことは、それ自体が実習生の経験となるが、指導を受けたり、教えてもらったことは、そこから何を感じたか、考えたか、理解したか、気づいたかが重要であるため、区別して記載することが大切である。

〈修正例〉

　　自室の前で落ち着かない様子のAくんの姿があり、「どうしたかな？」「なに
かあったかい？」と声をかけた。Aくんは下を向きながら居室の前をウロウロ
しており、私の言葉がけにも反応を示すことがなかった。何か探しているよう
にも見えたため、「何か落としたかな？　一緒に探す？」と言葉をかけたけれ
ども、やはり応答がなかった。私はどうしていいか分からず、その場に立って
いただけとなってしまっていると、ちょうどC先生が通りかかり、声をかけて
くださったので、Aくんの様子について話をした。すると、C先生がAくんに
言葉をかけて、周りの子どもや他の先生にも「Aくんどうしたかな？　さっき
までどこにいたかわかる？」と尋ねながらホールの方に歩いていった。すると
ホールではBくんが座っており、C先生が話しかけると、Aくんと互いに嫌だ
と感じることを言い合ったことがわかり、C先生は、Bくんに言葉をかけたあ
と、Aくんのところに戻り、言葉をかけていた。

　　C先生と今日の実習の振り返りとして話す中で、普段からBくんと一緒にい
るため、言い合いをしてしまったことは、Aくんにとっては嫌なことであり、
落ち着かない、不安なことになっていたということを教えていただいた。

　　言葉に明確に表したり、出来事を細かな状況として話すことが、入所している
子どもは難しい場合が多く、言葉として話をすることも少ない場合が多いの
で、周りの子どもに話を聞いたり、他の先生で何かしら場面をみていた先生は
いないか確認したりしながら、他の子どもの様子にも目を配って、起こったこ
とを日常の様子と比較しながら考えていけるとよいということを教えていただ
いた。こうしたことは、これまで考えたことがなかったので、色々なことに目
を配って子どもにかかわっていきたいと感じた。

CHAPTER 13

事例に学ぶ「困った場面」と 対応のポイント

> 「困った場面」における対応のポイントを学び、
> 子どもたちとかかわる際のヒントにしよう。

　実習ではさまざまな子どもたちの姿に出会う。時には、「こんな時、どうしたらよいのだろう？」と、途方に暮れてしまう場面もある。ここでは、いくつかの事例を取り上げ、子どもたちとかかわる上でのポイントについて取り上げる。

事例 1 複数の子どもたちから同時に「遊ぼう」と誘われたら？

対応のポイント①　順番を決めて、一人ひとりと遊ぶ。

　複数の子どもたちに「遊ぼう」と誘われた実習生。「みんなで一緒に遊べ

ばよい」と考えたが、子どもたちは納得しなかった。いつも集団で過ごしている子どもたちにとって、たとえ短い時間であっても、大人と一対一で過ごす時間は大切である。したがって、このような場合は、順番を決めて一人ひとりと遊ぶ。

対応のポイント②　子どもたちが見通しを持てるように、具体的に伝える。

どのくらい待てば自分の番が来るのか？　どのくらいの時間遊ぶことができ、いつ次の子と交替しなければならないのか？　あらかじめ見通しを持っていた方が子どもたちは行動しやすい。また、子どもたちが理解しやすいように具体的に伝えることが大切である。たとえば、「一人15分ずつね。」、まだ時計を読めない子どもの場合は「○ちゃんは、長い針が（時計の文字盤を指して）ここまできたら交替だよ。」、回数で数えられる遊び（例　ブランコを押すなど）なら「10回で交替ね。」などが考えられる。

対応のポイント③　子どもたちと約束を確認し必ず守る。無理な約束はしない。

約束を守るのは当然のこと。加えて「裏切らない」「信用できる」大人であることを身をもって示すことは重要である。子どもたちの日課、その日の実習予定をよく確認して無理のない約束をしよう。

事例 2　適切な距離を伝えるには？

> **対応のポイント**　具体的に伝える。

　人との適切な距離感をつかむのが苦手な子どももいる。とっさに「もう少し離れて！」と言ってしまいそうだが、「もう少し」というのは人によってその度合いが異なってしまう。このような曖昧な表現では理解しにくい子どももいるので、たとえば、片腕を伸ばして見せ、「腕一本分だけ後ろに下がって。」などと伝えると、具体的で分かりやすい。

　距離だけでなく、場面に応じて声の大きさを調整するのが苦手な子どももいる。実際に見本として適切な音量の声を出し、子どもが真似できるようにしてもよいし、「象さんの声」「アリさんの声」など子どもがイメージしやすい名前を付けたり、「１の声」「２の声」「３の声」と音量を３段階で示し、それぞれどのくらいの音量か、実際の声と結び付けていけば、「電車の中では『アリさんの声』（あるいは『１の声』）でね。」などと伝えやすくなる。

事例 3　子どもが行動しない時・行動をやめない時①

> **対応のポイント**　子どもの興味を引くような声かけを考える。

　子どもに声をかけて促しても、なかなか行動に移ってくれないことはよくある。その理由はさまざまなので、多様な声かけのレパートリーを知っておきたい。その一つとして、「子どもの興味を引くような声かけ」がある。日ごろから子どもたちと積極的にかかわり、よく観察して、何がその子どもの

興味を引くのか、掴んでおこう。

 事例 **4**　子どもが行動しない時・行動をやめない時②

学校の宿題をしているC君。
算数ドリルを机の上に広げてはみたものの集中できない。
なかなか終わらないので、イライラしてきている。

C君　もう！できへん！　　ちょっとずつでも頑張ろう。　実習生

C君のドリルをよく見ると、"満点"が取れているページがあった。

C君　そうやで♡　　満点、取れてるやん！　実習生

少し機嫌が良くなったC君。
実習生がさらにもう一言声をかけると、急にやる気を出した。
そして、途中、何度か集中が切れそうになったものの、
最後まで算数のドリルをやり終えた。

対応のポイント　**出来ていないことよりも出来ていることに注目する。**

「出来ていない」から「頑張ろう」ではなく、「出来ている」ことを「すごいね」と認めた方が、子どもも気持ちよく受けとめられる。このような「肯定的な声かけ」に子どもが反応した時がチャンスである。さらに「肯定的な声かけ」（例：「また満点取れるかもしれんね！」など）を続けることで、子どものやる気が引き出せるかもしれない。

事例 **5** 子どもが行動しない時・行動をやめない時③

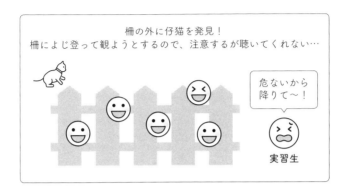

対応のポイント① 共感する。

　子どもは、何かに夢中になっている時、大人の言葉は耳に入らない。また、関係のできていない実習生に注意されても、素直に聞き入れられないこともある。

　このような場合、「かわいいね〜！」といった共感の言葉の方が、子どもたちの耳に届く。

対応のポイント② なぜダメなのか？どうしたらよいのか？を伝える。

　「危ないから柵から降りて」と言うだけだと、「仔猫を見たい！」という子どもの気持ちが治まらない。「こっちの方がよく見えるよ。」と安全に柵の外へ誘導するなど、「この方法だったら見ていいよ。」という代替案を伝えるとよい。

参考 🐾 筆者の授業でこの事例を取り上げた時、ある学生から次のような案が出た。
　「猫さん怖がっちゃうから、降りて柵の間からそっと見よう。」
　柵から降りなければならない理由の説明にはなっていないが、子どもたちの「仔猫を見たい」という気持ちに沿った言葉で、こちらの方が子どもたちに伝わるかもしれない。

参考 🐾 「困った場面」はいつも自分一人で対処しなければならない訳ではない。むしろ、職員の方に助けを求めた方がよい場面も多いことを覚えておこう。

事例 6 「困った場面」でなくても……

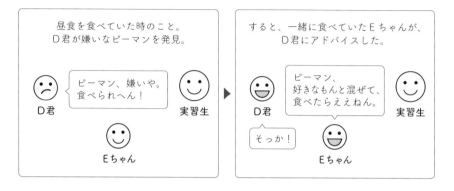

　この後、D君はEちゃんから教えてもらった方法で、時間はかかったものの、無事完食することができた。この時、実習生がかけるべき言葉は何だろう？

▶ **対応のポイント**　たくさん褒めよう。

　子どもたち自身の力で問題を解決していく場面も多い。そのような場面に感心する学生は多いようだが、それを子どもたち自身に直接伝えることは稀なようである。ぜひ、直接伝えて欲しい。

　「褒めること」はなぜ大切なのだろうか？
　子どもが育ってきた背景とあわせて考えてみよう。

理由①　「褒めること」でプラスの自己イメージに変える。

　児童福祉施設へ入所する主な理由が、児童虐待である子どもたちは少なくない。また、障害児入所施設や児童発達支援センター以外の施設であっても、なんらかの障害がある子どもたちは少なくない。[1]

　被虐待経験のある子どもたちは、暴言・暴力・無視といった否定的な言動にさらされてきた、大切にされた経験がない、といったことは容易に想像で

きるだろう。また、なんらかの障害のために苦手なことがあると、成功体験が得られにくい。加えて、周りから馬鹿にされたりからかわれた、自分の特性を理解してもらえず、親などから何度も注意され、時には虐待を受けた、といった経験を持つ子どもたちもいる。

　他者からの否定的なメッセージを受け続けた子どもたちは、マイナスの自己イメージを形成しやすい。その結果、「どうせ自分なんて……」「頑張っても無駄」といった自信のなさや無気力、自分を危険に晒すなど自分を大切にできない行動につながってしまうことがある。だからこそ、日々、肯定的なメッセージ＝「褒めること」によって、子どもたちの自己イメージをプラスに変えていく必要がある。

理由②　「褒めること」で子どもの欲求を満たす。

　大人が子どもの困った行動にしか目を向けないために、わざと大人が困る行動をする子もいる。「注目を得たい」「かまって欲しい」という強い欲求を持っている子どもは、普通に話しかけても、良いことをしても大人が目を向けないなら、叱られてもいいから困った行動をして大人の気を引こうとする。逆に、子どもが良い行動をした時にしっかり目を向け褒めることができれば、子どもはその良い行動をすることによって大人の注目を得ようとするのである。

！　考えてみよう

　事例１～５までの事例をふりかえってみよう。それぞれの事例の続きを想像し、どの場面で「褒める」ことができるか、考えてみよう。もちろん、「褒める」だけでなく、「ありがとう」など肯定的な意味の言葉でもよい。

注
1）厚生労働省（2020）「児童養護施設入所児童等調査の概要（平成30年２月１日現在）」
（https://www.mhlw.go.jp/content/11923000/001077520.pdf, 2023年８月30日閲覧）。

CHAPTER 14

実習による学びの省察①
―実習を踏まえた専門性の考察―

　全国保育士会倫理綱領には専門職の責務として自らの人間性と専門性の向上に努め、専門職としての責務を果たすということが示されている。向上に努めるべき保育士の人間性とは何か、専門職としての責務とは何か。それは、保育士一人ひとりが自ら追求していくものであり、常に自身を振り返りながら模索していくものであろう。ここでは保育所以外の児童福祉施設での実習を振り返り、施設保育士に求められる人間性について考えてみよう。また、専門職としての責務を明確にするため、施設保育士の専門性についても考えてみよう。この章では KJ 法を用いながら考察していく方法を示す。[1]

1　施設保育士の人間性・専門性とは？

　保育所や幼保連携型認定こども園以外の児童福祉施設の保育士（施設保育士）に求められる「人間性」、施設保育士の「専門性」について、各自が施設実習を振り返りながら考えてみよう。「人間性」「専門性」というと難しく考えてしまうかもしれないが、まずは保育士に求められると思う「人間性」「専門性」、保育士に必要だと思う「人間性」「専門性」というテーマから、思いついた【キーワード】を書き出してみる。その【キーワード】を他者と共有し、それらを整理していくことを通して、施設保育士の人間性・専門性について考えていくため、【キーワード】はカード（付箋を用いるのもよい）に書いていく。

〈キーワードを書き出していくポイント〉

・文章ではなくキーワードを考える。

・1つのカードには1つのことを書く（複数のことを書かない）。

・深く考えず、自由に、思いついたことをどんどん書いていく。

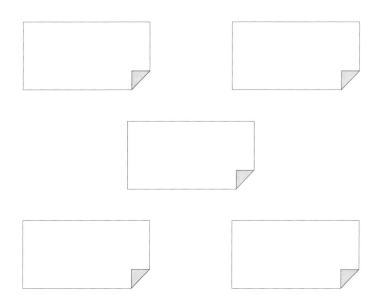

② 施設保育士の人間性・専門性の検討
（グループワーク）

　各自が書き出した【キーワード】をグループ（4〜5人程度）で共有し、他にも思いついた【キーワード】があればさらにカードに書き出していく。それらの【キーワード】について KJ 法を用いて整理（分類）していく。

KJ 法の手順

〈1〉カードのグループ化①

　共通したことや似通ったことが書かれているカードを集めてグループを作る。グループができあがったら、そのグループを表す【タイトル】を考える。

〈グループ化のポイント〉

・グループ化するときには「ことば」にとらわれないようにする。同じ「ことば」が使われている【キーワード】であっても、意味する内容が違っていれば、同じグループに入れなくてもよい。

・どのグループにも当てはまらない【キーワード】があった場合は、無理にグループ化する必要はない。とりあえず、そのままにしておく。

・カードのグループ化には決められた方法（マニュアル）はない。どのような理由で、どのような思考をへてグループが作られたか、というプロセスが大切である。

・さまざまな思考を巡らすことが大切であるため、楽しい雰囲気で他の人と意見を出し合うことを重視して進める。

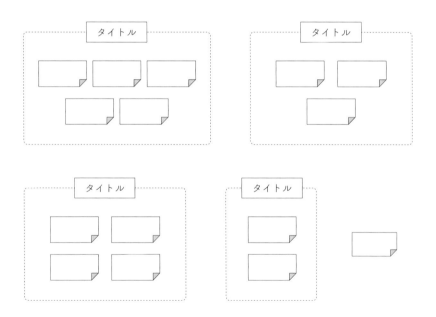

〈2〉カードのグループ化②

　グループ化①で考えた【タイトル】について、似通ったものを集めてさらなるグループ化を行い、そのグループを表す【タイトル】を考える。

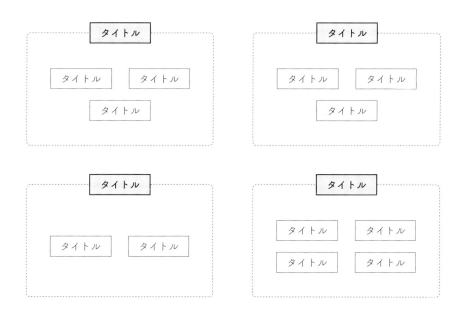

〈3〉カードのグループ化③

　必要な場合には、グループ化②で考えた【タイトル】について、さらに似通ったものを集めてグループ化を行う。

〈4〉図解の作成

　最終的にできたグループについて、そのグループ間の関連・関係を位置関係や記号で表す。たとえば、

- ・「似ている」と思うグループは近くに配置する（枠で囲むのもよい）。
- ・関係が弱いと思うグループは遠くに配置する。
- ・関連していると思うグループを直線で結んだり、関係を矢印（→、↔など）で示すなど。

〈5〉図解を文章化する

作成した図解を説明できるよう、図解を作成した経緯、図で表現している内容を文章化する。

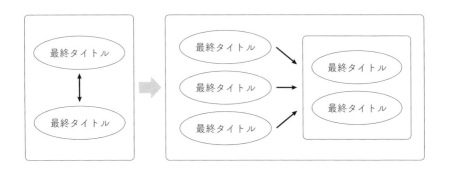

3　施設保育士の人間性・専門性の考察

各グループのグループワークの結果（図解）を発表し、施設保育士の人間性・専門性について検討したことを共有する。その発表準備を通して、グループで施設保育士の人間性・専門性について考察していく。また、自身のグループワーク、他グループの発表内容を踏まえて、各自が施設保育士の人間性・専門性について考察する。

注 🐾
1）KJ法とは、文化人類学者の川喜田二郎が考案した方法であり、ブレインストーミング等で出たアイデアを整理し、俯瞰して新しい着想やアイデアを得るための手法である。

参考文献 🐾
川喜田二郎（1967）『発想法――創造性開発のために――』中央公論社（中公新書）。
川喜田二郎（1970）『続・発想法―― KJ法の展開と応用――』中央公論社（中公新書）。
中坪史典編（2012）『子ども理解のメソドロジー――実践者のための「質的実践研究」アイディアブック――』ナカニシヤ出版。

CHAPTER 15

実習による学びの省察②
──実習における振り返りについて──

1 実習の振り返り

　保育士は倫理観に裏付けられた専門知識、技術および判断をもって保育にあたるとともに、その職責を遂行するための専門性の向上に絶えず努めることが求められる。こうした保育者の専門性の向上にあたって必要な姿勢として、日々の保育を通じて自己を省察するとともに同僚と協同し、共に学び続けていく姿勢が求められている。

　これは、養成段階にある実習生においても同様である。保育士資格取得を目指し学ぶ学生が、実践的に子ども・利用者に触れ、その生活の様子や姿について学び、実践の場において援助に携わる保育者から直接指導を受け、自らの学びを深めていく機会である施設実習において、実習での実践を「省察（reflection）」することは、保育者としての学びの成果を高める上で重要であるといえる。

　そこで、施設実習の事後指導においては、たとえば、対話的手法を用いて、同じく実習を体験してきた学生と共に振り返り、共有することが方法としてよく用いられる。対話においては、小規模な人数によるグループを作り、メンバーそれぞれが実習体験について話し、相互に質問を重ね、対話的に学び合う。

　自らの体験を言語化し、自身の言葉で相互に説明することと、相互に質問をし合い、対話を積み重ねていくことにより、自分一人では捉えることの難しかった見方や視点での振り返りも可能となる。

2 | 対話的手法について

(1) ワールド・カフェ

アニータ・ブラウンとデイビッド・アイザックスによって開発された対話のプロセスである。ホールシステムアプローチ（特定の課題やテーマにかかわる者が一同に集まり話し合い、創造的な意思決定や行動計画を生成する話し合いの手法）の一種であり、くつろぎ集うカフェのようにリラックスした雰囲気の中でテーマに集中した対話を行う。人々がテーブルからテーブルへと移動し、多様な洞察を結びつけ、アイデアをつなぎ合い相互に深めていくことにより、集合的な知恵を生み出すことができる手法である。

(2) AI ミニ・インタビュー

ワールド・カフェと同じホールシステムアプローチの一種であるAI（アプリシエイト・インクワイアリー）の手法を一部用いて行う対話の方法である。学生がペアとなり、実習における出来事や実践、そこから得た学びやこれから学びたいことなどについて、インタビュー役と回答者役を相互に行い、インタビューを実施する。その後、グループになり、ペアが話をした内容についてストーリー（物語）にして紹介・共有し、共通する課題の発見について対話を行い、全体へ発表・報告し、集合的な体験に基づく知恵を共有する手法である。

3 | 実習における振り返りの実践

ここでは、体験や経験、考え、イメージなどを話し合いにより共有し、相互につながり合うワールド・カフェについて紹介する。

"ワールド・カフェ"は、カフェ的空間の中において、対話する相手を変えながら少人数での対話を積み重ね、全員でテーマを掘り下げていく。共通の目的や意識をもって話し合うことで、方向性を揃え、強さや希望、夢など

をメンバーと共に話し合い共有することで、自分の思いや考えを解放し、引き出すことを通して、自分の持つ力をポジティブなものへと変化させ、明日からの活力を生み出していく力を持つ。

カフェは、参加者がくつろぎながら自由に自分の実践を振り返る。このため、メンバーと共有できる自由な雰囲気を作るべく、安全な場作りが非常に重要である。したがって、実施するにあたり、"ワールド・カフェ"についての説明や安全な場づくりへの参加者の協力の依頼として、参加者にルール（カフェ・エチケット）について説明を行う。

特に安全な場作りは、"ワールド・カフェ"を円滑に進めるために非常に重要なものであるため、他者の意見について判断や否定はせず、意見に耳を傾けることと対話を楽しむことなどを丁寧に全体の約束事として伝える。

1テーブルに座る人数は、4人から5人程度の少人数として話しやすく意見を積み重ねやすい人数とする。そして、集合的な知恵を生み出す工夫として、話し合いを円滑に進めていくために模造紙を敷き、カラーマジックを用いて、会話や連想したことなど、自由に記載してもらいながら、対話を積み重ねていく。話し合いのセッションは概ね3ラウンドを設定し、各ラウンドにおいてテーマを決め、ラウンドごとにテーブルメンバーを変更しながらセッションを進める。

実習における振り返りとしてのカフェでは、テーマは実習における「自身の最も学びとなったこと」を中心として、一人ひとりが実習を丁寧に振り返り、対話を重ねて共有する。そして、ラウンド変更の際には、メンバー内でトークセッションを始める前に、前回のラウンドのトーク内容を共有する。そして、最後となる3ラウンド終了後にはギャラリーウォーク（各テーブルの話し合いの内容を見て歩くこと）を行い、自分が参加したテーブル以外での対話において示された意見についての確認と振り返りを行う。

その後、ハーベスト（気づきやアイデアをまとめること）として、「話し合いを通して明らかとなった自分の課題」と「明日から取り組みたいこと」をテーマとして記載し、これからの自分自身の具体的な姿についてイメージを深め、共有する。

これらのプロセスを通して、参加者全員が意見や考えを共有し、ギャラ

リーウォークの中で得た内容とはまた異なる視点から、参加者全員の意見を知り、仲間の考えを参考にし、学んだり、新たに課題を発見し、自分に取り入れていく学びの機会とする。

〈ワールドカフェ（事後振り返り）の展開〉

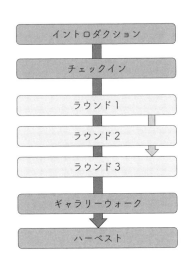

・**イントロダクション**➡カフェテーマやカフェ・エチケットなどの説明。振り返りの役割や意図についての説明を行う。

・**チェックイン**➡メンバーとの情報共有。実習施設の特徴や実習内容等について概略を端的に説明。カフェへの期待やメンバーから学びたいことを表明する。

・**ラウンド**➡ラウンドごとにトークテーマを設定。司会や書記は置かず、自由に話し、聴き、相互に対話を深める。ラウンドごとにメンバーは変化し、対話で得た学びを共有し、拡散する。

・**ギャラリーウォーク**➡すべてのテーブルクロス（模造紙）に示される対話の足跡を全員で共有する。

・**ハーベスト**➡対話を通して内省した、自分の思いやこれからの取組みを記載し、全員と共有する。

参考文献 🐾

香取一昭、大川恒（2011）『ホールシステムアプローチ──1000人以上でもとことん話し合える方法──』日本経済新聞出版社。

ブラウン、H.・アイザックス、D.（2007）『ワールド・カフェ──カフェ的会話が未来を創る──』ヒューマンバリュー。

ホイットニー、D.・トロステンブルーム、A.（2006）『ポジティブ・チェンジ──主体性と組織力を高めるAI──』ヒューマンバリュー。

PART

III

使える！
70の専門用語解説篇

　本書第Ⅲ部では、施設実習に直接関連する事項や実習の学びを深めるためにおさえておきたい事項である70の専門用語について解説している。用語の持つ意味や意義、背景などについて、実習生を送り出す側にある教員・研究者のみならず、実習を受け入れる側にある現場の第一線で活躍する所長・施設長・支援者等も含め、32名で編まれた用語辞典である。つまり、用語解説には、その用語の基本事項のみならず、実践現場のエッセンスが随所に散りばめられている。また、施設実習の際に必要となる保育・福祉の専門用語であるため、各用語と施設実習との関連についても各執筆者の観点から述べている。

35.

☑ エンパワメント

① 用語の基本的な意味や考え方、意義、背景、動向など

　当事者が持ち得る力を最大限に発揮することができるよう、個人の内面の力に焦点を当てるだけではなく、その内面に備わった力を表出することができるよう環境を調整することを意図している。支援者は、当事者のストレングス（strength：強さ・持ち味）を見出し、それを生かすことができるよう環境を整えていくことが求められる。また、できるかぎり、本人の自己決定を引き出すことができるような支援が求められる。

② 施設実習で着目するポイントや支援を行う際に留意点、対象者への配慮事項など

　実習では、しばしば対象者のできないことに目を向けてしまうことがある。しかしながら、できることに着目して持ち味を発揮できるよう環境を整える、施設の工夫や努力にこそ注目してほしい。そして、実習生自身も対象者へのアプローチの中に学んだことを反映させていってもらいたい。

　たとえば、実習中に、職員から「○○くんのエンパワメントになるような支援を考えてみたら？」とアドバイスを受けても、「エンパワメントってなんだっけ？」では実施のしようがない。インターネットで検索しても、保育実習の施設実習に関連した解説がすぐに見つかるとも限らない。実習中に飛び交う専門用語を具体的に理解する参考として、日々活用してもらいたい。

　また、専門用語を用いて実習記録を書くことが大切なのは言うまでもない。「家庭的な雰囲気」という表現では、受け取り方が個人によって違ってくるが、「小規模グループケア」ならば、同じものを共有することができる。

　さらに、施設実習以外の授業でも、用語辞典は強い味方となるだろう。ここには、「社会的養護Ⅰ・Ⅱ」や「子ども家庭福祉」、「子育て支援論」など幅広い授業で使われる言葉が収録されている。保育士資格科目の参考書・用語辞典としてもぜひ活用してもらいたい。

表1　70の専門用語解説一覧表

① 法・制度・事業関連事項

No	①	②	③	④	⑤	⑥	⑦	⑧	⑨	
1	*	*	*	*	*	*	*		*	児童の権利に関する条約
2	*	*	*	*	*	*	*		*	児童の最善の利益
3			*	*	*				*	児童福祉施設の種類
4			*							児童福祉施設の設備及び運営に関する基準
5			*				*	*		障害者総合支援法
6										28条ケース
7									*	保育士倫理綱領
8	*	*	*	*	*	*	*		*	子どもの権利擁護（アドボカシー）
9	*		*	*	*				*	子どもの意見表明権
10	*						*		*	永続的解決（パーマネンシーの保障）
11						*	*			インクルージョンとエクスクルージョン、ノーマライゼーション
12		*				*				バリアフリーとユニバーサルデザイン
13		*			*			*	*	特別養子縁組と養子縁組
14	*	*	*				*		*	社会的養育
15							*	*	*	成年後見
16										ホスピタリズム論（争）
17										社会的養護の理論
18										家庭養護促進協会（愛の手運動）
19	*	*	*	*	*	*	*		*	児童相談所
20	*	*	*	*	*	*	*			要保護児童対策地域協議会
21					*	*			*	児童家庭支援センター
22							*		*	里親
23	*	*	*	*	*				*	施設の小規模化
24						*				フォスタリング機関（里親養育包括支援機関）
25	*			*						小舎制
26										こども家庭庁
27									*	こども家庭センター（市区町村子ども家庭総合支援拠点、子育て世代包括支援センター）
28										里親支援センター
29									*	児童厚生施設と児童館

② 相談支援関連事項

No	①	②	③	④	⑤	⑥	⑦	⑧	⑨	
30	*	*	*	*	*		*		*	親子関係の再構築
31	*	*	*	*	*	*	*		*	児童虐待の種類
32	*	*	*	*	*	*	*		*	児童虐待の対応
33	*	*	*	*	*					DV
34			*							ストレングス
35			*	*	*				*	エンパワメント
36		*	*				*		*	ライフストーリーワーク
37	*		*	*			*		*	社会的養護における支援の枠組み・支援の過程（アドミッションケア、インケア、リービングケア、アフターケア）

No	①	②	③	④	⑤	⑥	⑦	⑧	⑨	
38	*	*	*	*	*	*				子育て支援と約束表
39			*	*	*	*			*	ペアレンティング
40										TEACCH プログラム
41										感覚統合訓練
42										赤ちゃんポスト（こうのとりのゆりかご）
43	*	*	*	*	*	*	*	*	*	感染症
44	*	*	*	*	*	*	*	*	*	身体障害・知的障害・精神障害の3区分
45	*	*	*	*	*				*	発達障害
46		*		*		*				愛着障害（アタッチメント障害）
47		*		*		*			*	てんかん
48	*	*	*	*		*			*	アタッチメント（愛着）
49		*			*	*				強度行動障害
50		*							*	乳幼児突然死症候群（SIDS）
51		*								ダウン症
52		*							*	赤ちゃん返り
53		*			*	*			*	障害福祉サービス等利用における医療的ケア（喀痰吸引・経管栄養・カテーテル）
54									*	場面緘黙（選択性緘黙）
55										褥瘡
56	*	*	*	*	*					家庭支援専門相談員（ファミリーソーシャルワーカー）
57	*	*	*	*	*				*	里親支援専門相談員（里親支援ソーシャルワーカー）
58		*	*	*	*				*	個別対応職員

③ 人物関連事項

| No | 参照資料 | | | | | | | | | |
	①	②	③	④	⑤	⑥	⑦	⑧	⑨	
59										アダムズ
60										岡村重夫
61									*	糸賀一雄
62									*	石井十次
63									*	石井亮一・石井筆子
64									*	留岡幸助
65										バンク‐ミケルセン
66										コルチャック
67										マズロー
68										小林提樹
69									*	高木憲次
70										バーナード

参照資料：① 児童養護施設運営指針・運営ハンドブック、② 乳児院運営指針・運営ハンドブック、③ 母子生活支援施設運営指針・運営ハンドブック、④ 児童心理治療施設運営指針・運営ハンドブック、⑤ 児童自立支援施設運営指針・運営ハンドブック、⑥ 児童発達支援ガイドライン、⑦ 障害児入所施設運営指針、⑧ 障害者総合支援法（障害者の日常生活及び社会生活を総合的に支援するための法律）に基づく指定障害者支援施設の設備及び運営に関する基準、⑨ 一般社団法人全国保育士養成協議会令和5年筆記試験（前期）問題・正答 https://www.hoyokyo.or.jp/exam/pasttest/47.html 令和5年筆記試験（後期）問題・正答 https://www.hoyokyo.or.jp/exam/pasttest/48.html

1.
☑ 児童の権利に関する条約

　「子どもの権利条約」ともいい、国際連合の総会において1989（平成元）年に採択された条約である。日本は1994（平成6）年に批准（国としての同意、承認）したことにより、条約と国内における各法律との整合性が求められるようになった。条約には、子どもは守られて生きること、成長・発達を促されるなどの受動的権利だけでなく、自分の意見を表明すること、そのために組織的な活動にも参加するなど、能動的権利も保障されている。

　実習においては、「子どもにとって一番よい方法はなにか」という条約の精神である「最善の利益」を念頭においてかかわること、そして、子どもの求めや主張を受けとめ、尊重しつつ、一人ひとりに合わせた適切なかかわり方を指導者から学ぶことが大切である。

2.
☑ 児童の最善の利益

　児童の最善の利益を考慮するとは、子どもにかかわるとき、子どもにとって最もよいことは何かを第一に考えることである。子どもの権利条約第3条に定められた、世界中の子どもに保障された権利である。日本においても、2016年の児童福祉法改正の際、第2条第1項に子どもの幸せを保障するための国民の努力義務として明記された。

　施設実習で対象となる子どもは、本人が気づかないところで最善ではない環境に置かれている可能性もある。集団での生活を重視したり時間の制約を理由に大人の都合を優先した対応となったりしていないだろうか。目の前の子どもの気持ちを丁寧に汲み取るだけでなく、今判断したことが子どもの将来にどのような影響を与えるのか具体的に考えて実践してほしい。

3.
☑ 児童福祉施設の種類

　児童福祉施設は、児童福祉法第7条で、助産施設、乳児院、母子生活支援施

設、保育所、幼保連携型認定こども園、児童厚生施設、児童養護施設、障害児入所施設、児童発達支援センター、児童心理治療施設、児童自立支援施設及び児童家庭支援センターの12種類と定められている（2024年から里親支援センターが追加される）。保育士資格取得のための施設実習は、主に生活支援を行う児童福祉施設において行われる。

　施設ごとに、対象となる児童や年齢、発達、福祉ニーズとニーズに対応するための必要な支援が異なる。児童福祉法に記されている各種別の設置目的と児童福祉施設の設備及び運営に関する基準で定められている内容とあわせて、自らが実習を行う施設に求められる社会的役割や必要な支援の内容について理解を深めてから実習に臨んでほしい。

4. ☑️ 児童福祉施設の設備及び運営に関する基準

　2012（平成24）年に、「児童福祉施設最低基準」（1948（昭和23）年制定）を改正及び改称して作られた。12種類ある児童福祉施設（2024（令和6）年に、里親支援センターが追加されて13種類）に配置すべき職員や整備すべき設備が記されている。たとえば、児童養護施設の児童指導員及び保育士の総数は、2歳未満の幼児おおむね1.6人につき1人以上、満2歳以上満3歳未満の幼児おおむね2人につき1人以上、満3歳以上の幼児おおむね4人につき1人以上、少年おおむね5.5人につき1人以上としている。実際には、措置費による加算等があり、たとえば3歳以上の幼児2人につき職員2人程度となっている。

　実習では、職員の配置基準が24時間365日のものであることを念頭に入れる必要がある。職員の休日や勤務時間を考慮すると、実際には子ども10人以上を1人で担当することもある。施設職員と子ども・利用者との関係は、こうした配置に強く影響されている。

5. ☑️ 障害者総合支援法

　障害者総合支援法は、障害者福祉サービスについて定めた法律で、措置費制度から支援費制度（2003（平成15）年）、障害者自立支援法（2006（平成18）年）と変遷を経て、2012（平成24）年に改題された。同法では、身体障害者、知的障害者、精神障害者、発達障害者（追加）、難病患者（追加）、障害児を対象と

している。自立支援給付という給付金の対象となる同法のサービスは、大きく分けて、介護給付、訓練等給付、補装具支給、相談支援の他、障害児へのサービスが含まれる。

　保育実習においては、障害児・者施設、事業所は、同法に基づくサービスを提供するものであり、事前に制度やサービスについて学習することによって、実習中の学びがより深まると考えられる。

6.
☑ 28条ケース

　保護者による虐待その他によって、著しく子どもの福祉が害される場合において、里親等委託や施設入所といった措置が親権者等の意に反するとき、児童相談所は、児童福祉法第28条第1項に基づき、家庭裁判所の承認を得て、その措置を採ることができる。2004（平成16）年の児童福祉法改正において、承認による措置の期間を最長2年として、それを超える場合は、更新の承認を得なければならないこととされた。また、2016（平成28）年の児童福祉法改正により、相談対応体制が強化され、法律に関する専門的な知識経験を必要とする業務を適切かつ円滑に行うことを目的に、児童相談所に弁護士を配置または準ずる措置を行うこととされた。

　児童相談所は、措置の期間内に、保護者に対する指導や措置された子どもへの訪問面接などにより、親子の再統合その他の支援を行う。保護者による養育の問題が子どもの心身に大きな影響を与えたケースが少なくないが、法律的側面や医療的側面を考慮しつつ、裁判所による承認審判の内容を保護者と共有するなどして、改善への取組みが早期に進められることが望まれる。

7.
☑ 保育士倫理綱領

　2003（平成15）年2月に全国保育士会が倫理綱領を採択し、同年3月に全国保育協議会、全国社会福祉協議会も保育所の倫理綱領としてこの綱領を採択した。保育士が専門職として社会的役割を果たすための価値観や行動指針が示されている。前文で子どもの育ち、保護者の子育てを支え、子どもと子育てにやさしい社会をつくることが宣言され、8つの行動規範（子どもの最善の利益の尊重、子どもの発達保障、保護者との協力、プライバシーの保護、チームワークと自

己評価、利用者の代弁、地域の子育て支援、専門職としての責務）が示されている。

　実習では児童福祉施設の利用者と保育士としてかかわる一歩を踏み出す。対象児・者とのかかわりの際に倫理綱領を思い起こし、倫理綱領の内容と実践をつなぐ意識を保持してもらいたい。全国保育士会のホームページに倫理綱領学習シートが掲載されている。事前学習用資料として活用したい。

参考文献　柏女霊峰監修・全国保育士会編（2009）『改訂版　全国保育士会倫理綱領ガイドブック』全国社会福祉協議会、全国保育士会 HP「全国保育士会倫理綱領」（https://www.z-hoikushikai.com/about/kouryou/index.html, 2023年10月13日閲覧）、全国保育士会 HP「全国保育士会倫理綱領学習シート」（https://www.z-hoikushikai.com/about/kouryou/sheet.html, 2023年10月13日閲覧）。

8.
☑ 子どもの権利擁護（アドボカシー）

　英語の "advocacy" はラテン語の「声をあげる（voco）」を語源としており、子どもの声を聴き、その声を関係者や関係機関に届けるという意味を持つ。子どもの権利条約では能動的権利である「自由に自己の意見を表明する権利（12条）」が掲げられているが、子ども自身がその権利を行使・主張していく必要があるため、その行為を支える役割が子どもアドボカシーである。

　アドボカシーの種類にはフォーマル（子どもとかかわる専門職）、ピア（同じ状況にある子ども同士）、インフォーマル（市民や保護者、近隣住民等）、独立（第三者としての専門家や弁護士）、セルフ（本人）が挙げられ、特に入所型の児童福祉施設で生活している子どもたちは自身の声をあげにくい状況に置かれているため、養育者とは別に第三者的な立場から子どもの想いを聴く役割が求められる。

9.
☑ 子どもの意見表明権

　1989（平成元）年に国連で採択された「子どもの権利条約」第12条において、「自己の意見を形成する能力のある児童がその児童に影響を及ぼすすべての事項について自由に自己の意見を表明する権利を確保する」ことや、この場合において、「児童の意見は、その児童の年齢及び成熟度に従って相応に考慮される」ことが示された。日本では、2016（平成28）年の児童福祉法改正において

その趣旨が反映された（第2条）。また、2022（令和4）年の児童福祉法改正では、子どもの意見聴取等の仕組みが整備されることとなり、2024（令和6）年4月より「意見表明支援員（アドボケイト）」を導入することが都道府県等の努力義務となった。

　子どもの意見表明権の原文は、opinion ではなく view である。view には「意見」の他に、「世界観」や「視点」、という意味も含まれる。「子どもの意見」には言葉だけでなく、表情や仕草などの非言語表現も含まれると理解した方がよい。子どもは言葉で上手く表現できない上に、自分の想いとは違う言葉を使う事もある。たとえ内容が混乱していたとしても、まずは子どもの意見を聴き、受けとめる姿勢が大切になる。

10.
☑ 永続的解決（パーマネンシーの保障）

　"permanency" とは永続性・継続性という意味があり、代替養育の分野においては養育者や生活環境の永続性を保障することを示す。さまざまな理由によって保護者と共に生活することができない子どもたちに対し、日本の場合、代替養育の手段の約8割が施設入所となっている。施設に入所した場合、代替養育の担い手は職員であるため、休暇や休職、退職等により養育者の継続性が途切れやすく、国連子どもの権利委員会からも社会的養育システムの改善が求められている。

　近年では家庭復帰、特別養子縁組、里親委託が推進されており、施設でも小規模化や家庭的な養育の実践が取り入れられている。施設措置・里親委託に関わらず、養育者が継続的に子どもにかかわることができる仕組みの構築が求められる。

11.
☑ インクルージョンとエクスクルージョン、ノーマライゼーション

　インクルージョン（inclusion）には、すべてを包み込むという意味があり、包括や包含と訳される。また、インクルーシブ教育（保育）とは、あらかじめ、さまざまな特性のある子どもが集団内にいることを前提として授業や保育内容、行事等を設計する考え方を示しており、狭義には、障害のない子どもと障害の

ある子どもを同じ場で教育（保育）することをいう。ユネスコが1994（平成6）年に示したサラマンカ声明により、広く知られるようになった考え方である。これに対して、エクスクルージョン（exclusion）は排除を意味し、障害のない子どもと障害のある子どもを分けて教育（保育）することをいう。日本における特別支援教育（保育）では、共生社会の実現に向けたインクルーシブ教育（保育）を追求するとともに、個別の教育的（保育）ニーズに対応した教育（保育）が必要とされている。

　現場の多様な利用者のニーズに気づき、きめ細やかな支援や「困り感」を少なくする方向で接していくことがインクルージョンの目指すものとなる。まずは実習生自身の心のバリアフリーを心掛け、多様な人や属性を受け入れることを実践したい。

12.

☑️ バリアフリーとユニバーサルデザイン

　バリアフリーとは、生きにくさを感じている人が社会生活をしていくうえで、物理的、社会的、制度的、心理的な4種類すべての障壁（バリア）を除去することであり、ユニバーサルデザインとは、より多くの人が、最初から利用しやすいように都市や生活環境をデザインするという考え方である。バリアフリーもユニバーサルデザインもすべての人に対して、生活しやすく、社会参加しやすくするための方法の一つである。ユニバーサルデザインは、教育の現場でも授業や学級運営に活用されている。

　実習先では、ハード・ソフト両面から、対象児者が過ごしやすい生活環境や自らの意欲を引き出す支援方法の工夫について気づき、自らの実践や施設への提案につなげられるよう努めてほしい。

13.

☑️ 特別養子縁組と養子縁組

　養子縁組とは、民法に定められた制度であり、法律上の親子関係を作る制度である。「特別養子縁組」は、子どもの福祉を目的とし、縁組によって実親との法律上の関係が終了し、養親との法律上の親子関係が成立する。家庭裁判所の手続きが必要であり、2019（令和元）年の法改正により、養子となる子どもの年齢が15歳未満に引き上げられた。「普通養子縁組」は、扶養を受ける権利

や相続権（老後の世話、事業の引継ぎなど）などを目的として行われ、養親とともに実親との法律上の親子関係も継続される。市町村の役所に届出を行い成立する。

　児童福祉施設の子どものなかには、親子関係の再構築が困難な場合、児童相談所の判断で施設での養育から養子縁組里親の養育に変更したのち、特別養子縁組を行い、家庭生活の中で育つ子どもがいることを理解する。

14. ☑ 社会的養育

　要保護児童への支援や施策は「社会的養護」と呼ばれていたが、すべての子どもの育ちを保障する観点から、2016（平成28）年の児童福祉法改正より、家庭への養育支援から代替養育までを含む概念として「社会的養育」というキーワードが掲げられた。

　この理念をもとに厚生労働省は2017（平成29）年に「新しい社会的養育ビジョン」を発表し、身近な市区町村におけるソーシャルワークを実践できる体制の構築と支援メニューの充実、在宅における社会的養育としての支援構築、家庭養育の原則化、施設入所は専門的な治療的ケアが必要な場合に限り短期入所を原則とすること、里親制度に関する包括的業務（フォスタリング業務）の強化、代替養育に関して永続的解決を目指したソーシャルワークが児童相談所で行われるよう徹底することを目指すこととなった。

参考文献　厚生労働省新たな社会的養育の在り方に関する検討会（2017）「新しい社会的養育ビジョン」（https://www.mhlw.go.jp/file/05-Shingikai-11901000-Koyoukintoujidoukateikyoku-Soumuka/0000173888.pdf, 2023年10月20日閲覧）。

15. ☑ 成年後見

　成年後見制度とは、知的障害、精神障害、認知症などの理由で、判断能力が十分ではない状態にある本人に代わり、本人の財産を守ること（財産管理）や福祉サービスに関する契約など、生活の質を担保し、向上を図ること（身上監護）を目的とした制度である。

　障害者支援施設等においては、障害者本人の財産の管理、福祉サービスの契約、また、個別支援計画の承諾なども、本人に判断能力がなくその行為ができ

ない場合に、障害者の家族（親・兄弟姉妹）に依頼している。しかし、障害者の家族（親・兄弟姉妹）が何らかの事情（死去などにより）でその行為ができなくなった場合、成年後見人を立てて、上記のような本人に必要な代理行為を行っている。施設実習においては、成年後見制度を利用している利用者がどのような経緯で利用に至っているのか、対象者の家族背景も含めて聞いてみるとよい。

16.

☑ ホスピタリズム論（争）

　ボウルヴィ（Bowlby, J.）の調査により、施設で生活する子どもが心身共に発達に遅れがみられるという指摘がなされた。これにより、1950年代に繰り広げられた論争である。「ホスピタリズム」と呼ばれ、日本では「施設病」とも訳される。論争の発端は、東京都立石神井学園の堀文次施設長（当時）が著した論文にある。身体的発達の未熟さ、生活力や忍耐力の欠如、社交性や積極性の乏しさなどについて取り上げられ、養護理論の確立が急務であるとされた。施設のあり方とその実践の方向性について、その後の検討を進めていく上で原動力となった。

　この論争により、施設養護の理論化に向けて議論が活発化した。論争の過程を学習することは、実習生として、家庭養育優先の原則へとつながる道筋の理解へと結びつくだろう。

参考文献　堀文次（1950）「養護理論確立への試み ── ホスピタリスムスの解明と対策 ──」『社会事業』第33巻第4号、pp. 10-17（その1）および第6号、pp. 12-19（終稿）。

17.

☑ 社会的養護の理論

　ホスピタリズム論争を背景として構築された、施設養護にかかわる3つの理論を指す。「家庭的養護理論」は、堀文次をはじめ、児童養護施設の施設長を務めていた瓜巣憲三、潮谷総一郎、谷川貞夫らが、堀の指摘に共鳴することによって成立した。施設やケア単位の小規模化を図り、家庭的環境を保障すべきであるとの考えに立つ。「積極的養護理論」は、石井哲夫により体系化された。集団生活の利点を養育に活用すべきであり、家庭との分離を経験した子どもに対して、「治療」的な枠組みを加える施設のあり方が求められるとの見解に立

つ。「集団主義養護理論」は、施設における集団的な生活の場の意義を積極的に評価すべきであるとの積惟勝の主張による。集団力動による相互作用や民主的関係などが、子どもの人格形成に貢献するのであり、むしろ積極的に集団を活用すべきだとの考え方である。

　各理論にはそれぞれの特性や意義があるが、子どもの権利を守る方法である点は共通している。社会的養護理論の学習は、事前学習において、施設独自の方針や考え方、運営スタイルなどについて理解を深めるという点でも重要である。

18.

☑ 家庭養護促進協会（愛の手運動）

　1960（昭和35）年、神戸市で、「家庭養護寮」の普及・発展を目的に「家庭養護寮促進協会」が設立された。家庭養護寮とは、要保護児童5〜6人を「専門的養育技術をもった一般家庭に委託し、親密な継続的人間関係のなかで児童の健全な発達を支援」する里親型グループホームである。1962（昭和37）年には、新聞・ラジオを通じて個別の児童に里親を開拓する「愛の手運動」がスタートし、1964（昭和39）年には、「家庭養護促進協会」に名称変更した。現在は、養子縁組あっせん機関（民間あっせん機関による養子縁組のあっせんに係る児童の保護等に関する法律第6条第1項による）としても活動している。

　実習では、グループホームなどの家庭的養護の機能を理解する必要がある。年齢によっては子どもとかかわる時間が限定されるが、それが「家庭的」な特徴であり、「親密な人間関係」に基づいた「専門的養育技術」が求められるのである。

参考文献　家庭養護促進協会HP（https://id.ainote-kobe.org/, 2023年10月20日閲覧）、山口泰弘（1997）『子どもの人権大辞典　1　ア〜シ』エムティ出版。

19.

☑ 児童相談所

　児童相談所は、児童福祉法第12条に規定された行政機関の一つである。都道府県や政令指定都市には設置が義務付けられている。2004（平成16）年の法改正で中核市にも、2016（平成28）年の法改正で特別区にも、それぞれ設置できることとされた。なお、たとえば、大阪府であれば、「子ども家庭センター」

と呼ぶように、地域によっては独自の名称が用いられている場合がある。

　保育・福祉の現場では、児童の一時保護等をはじめ、虐待対応で注目されがちだが、虐待のみならず養育困難や里親・養子縁組等などの養護相談をはじめ、保健相談、障害相談、非行相談、育成相談、その他の相談など、子どもと家庭に対する相談援助に幅広く対応している。実習では、実習先が児童相談所とどのようなかかわりがあるのか、意識的に確認してみるとよいだろう。

20.
☑ 要保護児童対策地域協議会

　「要対協」ともいい、児童福祉法に定められる機関であり、市町村などの地方公共団体が設置している。要保護児童、要支援児童、それらの保護者、特定妊婦への適切な支援を図るため、情報共有、支援内容に関する協議を目的とする。行政を中心に地域の関係団体、児童福祉の関係者によって構成されており、児童虐待などの早期発見・早期対応、また、出産前から支援を行う必要があると認められる妊婦への支援など、養育に関する相談、指導、助言などの業務を行う。複数の関係機関等で構成されるため、運営の中核となって役割分担や連携の調整を担う責任体制を明確にするため、要保護児童対策調整機関を設置することとされている。

　実習においては、施設や里親の元で生活する子どものなかに、要対協が児童虐待の事実から要保護児童に登録し、児童相談所の判断で社会的養護の対象となった子どもがいたり、また、退所にあっても児童相談所から地域での見守りの委託を受けてかかわったりするケースもあることを理解するようにしたい。

21.
☑ 児童家庭支援センター

　1997（平成9）年の児童福祉法改正により、利用型施設として、児童家庭支援センターが創設された（第44条の2）。1998（平成10）年には「児童家庭支援センター設置運営要綱」（厚生労働省）が定められ、「地域の児童の福祉に関する各般の問題につき、児童に関する家庭その他からの相談のうち、専門的な知識及び技術を必要とするものに応じ、必要な助言を行うとともに、市町村の求めに応じ、技術的助言その他必要な援助を行うほか、保護を要する児童又はその保護者に対する指導を行い、あわせて児童相談所、児童福祉施設等との連絡

調整等を総合的に行い、地域の児童、家庭の福祉の向上を図ること」と、その目的が示されている。

　同センターは、各家庭からの子育てに関する相談や地域の子育て支援に携わる児童福祉施設である。福祉・行政・教育・医療等と連携しながら、専門相談員が助言や指導を行うとともに、必要に応じて心理職が心理療法やカウンセリングを行っている。児童家庭支援センターは保育実習の実習施設ではないが、地域密着型の相談機関として、社会的養護系施設に併設され、児童相談所等と連携を図っていることも多い。センターが併設されている施設で実習する場合は、具体的にどのような取組みを行っているかを聞いてみて、虐待予防の観点から保育士として何ができるのかを考えてみるとよい。

22.
☑ 里親

　児童福祉法にもとづき、都道府県知事、児童相談所を有する市長が、要保護児童を里親に委託する制度である。里親となる者は、保護を必要とする子どもの養育について、理解、熱意、豊かな愛情を有するとともに、国が定める要件を満たさなくてはならない。里親制度には4つの種類がある。一般的な「養育里親」のほか、虐待、非行、障害等があって特に支援を必要とする子どもを委託する「専門里親」、養子縁組を希望する里親に委託する「養子縁組里親」、三親等以内の親族に委託する「親族里親」がある。

　近年、里親委託による社会的養育を推進する国の方針もあり、未就学の子どもを中心に、施設での養育から里親による養育へ変更されるケースがある。実習施設において里親支援専門相談員が配置されていれば、講話等により里親支援の業務を理解する機会としたい。

23.
☑ 施設の小規模化

　2011（平成23）年当時、児童養護施設の7割が大舎制であった。「社会的養護の課題と将来像」（児童養護施設等の社会的養護の課題に関する検討委員会・社会保障審議会児童部会社会的養護専門委員会とりまとめ 2011）により、施設を小規模化して家庭的養護を推進することになった。そのため、本体施設のケア単位を小規模化し、本体施設は小規模グループケア化（オールユニット化）して、

小規模化を進め、定員も小規模施設加算の基準である45人以下にしていくこと
になった。あわせて、施設によるファミリーホームや里親を支援することが推
進されるとともに、施設機能を地域に分散（分園型小規模グループケア、地域小
規模児童養護施設（グループホーム））させ、施設を地域の社会的養護の拠点に
していくことになった。

　たとえば、「子どもの身近に調理を行える等、食育を推進しやすいことや、
職員と子どもの一対一の特別な時間・機会を創出しやすい」メリットがある。
逆に、「職員や他児に対する暴言・暴力など、虐待をはじめとする不適切な養
育環境による脳や心の影響が、行動として顕著に表面化している子どもの場合、
少人数の職員では対応しづらく、子ども集団への影響が大きい」などの課題も
確認されている。メリットを活かすための方法や、課題解決に向けた各施設の
工夫・努力に注目してほしい。そして、実習生自身もそのメリットや課題を意
識しながら、実践するために、実習開始までに学びを深めておきたい。

24.
☑ フォスタリング機関（里親養育包括支援機関）

　里親のリクルート、里親研修、子どもと里親家庭のマッチング、子どもの里
親委託中における里親養育への支援などの一連の支援を「里親包括支援業務
（フォスタリング業務）」という。2016（平成28）年の児童福祉法改正によって、
フォスタリング業務を包括的に実施する機関を「フォスタリング機関」といい、
民間委託も可能となった。フォスタリング事業の民間委託をさらに進めるため、
児童福祉法の改正によって、2024（令和6）年から、フォスタリング機関は新
たに「里親支援センター」として児童福祉施設に位置づけられることになった。

　社会的養護では里親委託を施設委託より優先させることが、児童福祉法にも
定められているが、実習では、施設入所児の里親委託の進展やその課題につい
て質問してみるのもいいだろう。一人でも多くの子どもに家庭を用意すること
が大切である。

25.
☑ 小舎制

　「小舎制」とは、1舎あたり定員数（養育の単位）が12人以下の施設養護の形
態をいう。また、「中舎制」は1舎あたりの定員数が13〜19人、「大舎制」は1

舎あたりの定員数が20人以上である。2016（平成28）年の児童福祉法改正では、いわゆる家庭養育優先の原則が示され、これらの形態も「できる限り良好な家庭的環境において養育される」（家庭的養育＝小規模グループケア、地域小規模児童養護施設）との方針のもと、転換期を迎えている。

　2022年（令和4）年5月現在、生活形態の一部に小舎制（小規模化）を導入している児童養護施設は全体の約75％を占めている。現場として小規模化のメリットを実感する一方で、子どもにとってこの「家庭的養育」を真に有益かつ持続可能な制度とするためには、豊かな人間性と卓越したスキルを持った職員の育成が欠かせない。「人材（人手）不足」の波が施設にも確実に押し寄せている今日、子どもたちの成長に寄り添う職員を今後どう確保し、どのような育成を図っていくのか。急速に進む施設の小規模化を前に、関係者の課題は尽きない。

参考文献 全国児童養護施設協議会　令和3・4年度全国児童養護施設一覧。

26.
☑ こども家庭庁

　こども家庭庁設置法が、2022（令和4）年6月15日に成立し、6月22日に公布された。この法律では、「内閣府の外局として、こども家庭庁を設置」（第2条第1項）し、各府省庁に分かれているこども政策にかかわる企画・立案ならびに総合調整の権限を、一本化することを目的として定められた。これにより、こども家庭庁が、2023（令和5）年4月1日に設置された。

　同庁には、就学前のすべての子どもの育ちや居場所づくりなど、子ども政策について司令塔の役割を果たすことが期待されている。また、当事者や現場の意見を政策立案に反映する仕組みの導入が予定される。制度化されて間もなくまだ見えない部分が多いが、同庁設置による現場への影響について、機会があれば現場の反応（見解）を聞いてみるとよい。

27.
☑ こども家庭センター（市区町村子ども家庭総合支援拠点、子育て世代包括支援センター）

　2022（令和4）年の児童福祉法改正により、市区町村は、すべての妊産婦・子育て世帯・子どもの包括的な相談支援等を行うために設置に努めなければな

らないとされ、2024（令和6）年4月1日に施行される。これまで、各市区町村では子ども家庭総合支援拠点（児童福祉）と子育て世帯包括支援センター（母子保健）の設置が促進されてきたが、こども家庭センターはこの2つの機能を一体的に担う機関となる。

　同センターは、妊娠・出産・子育ての切れ目のない支援の実践の場である。支援を必要とする妊産婦と子どもには、サポートプランを作成して支援を行うとされており、保健師等のさまざまな専門職、さらには民間や地域の支援メニューの担い手が、どのように連携・協力しながら支援を実践するのかについて学びたい。

28. ☑️ 里親支援センター

　2016（平成28）年の児童福祉法改正により家庭養育推進の原則が規定され、里親委託が推進されることとなった。しかしながら、実質委託業務を担う児童相談所は児童虐待対応等に追われ、里親や委託児童への支援には限界があった。このことなどが背景となり、児童の養育環境を向上させるため、2022（令和4）年の児童福祉法改正により里親支援センターが児童福祉施設として位置づけられ、2024（令和6）年4月に施行されることとなった。

　里親の相談に応じた援助、入所児童と里親相互の交流の場の提供、委託児童等の養育の計画作成などの里親支援事業や、里親や委託児童等に対する相談支援等を行うこととされる。社会的養護を担う児童福祉施設との関係性や里親支援体制の構築について学びたい。

> **参考文献**　厚生労働省HP「児童福祉法等の一部を改正する法律（令和4年法律第66号）の概要」（https://www.mhlw.go.jp/content/11900000/000987724.pdf, 2023年5月1日閲覧）。

29. ☑️ 児童厚生施設と児童館

　児童厚生施設とは、すべての児童を対象とし、児童に健全な遊びを与えて、その健康を増進し、または情操を豊かにすることを目的とする児童福祉施設である（児童福祉法第40条）。屋外型が児童遊園、屋内型が児童館である。小型児童館、児童センター、大型児童館と分類されており、規模や設置場所によって

役割が異なる。また、児童館は、遊び場の提供だけでなく、子育て支援や子どもの居場所、地域福祉活動の拠点としての役割など、機能が多岐にわたるため、さまざまな利用者が自由に出入りする場所である。

　児童館での実習は、保育実習Ⅲにおいてのみ可能である。Ⅲでは、支援対象の範囲が広がっている。子どもにとっての遊びとは何か、地域における子育て支援のあり方など、ソーシャルワークを含めた、社会的状況を踏まえた学びにつなげてほしい。

-------------------------- ② 相談支援関連事項 --------------------------

30.
☑ 親子関係の再構築

　養育の問題を抱えている親及び子どもが、親子間の肯定的なつながりを主体的に回復すること。また、その回復への支援を指す。狭義には、里親等委託や施設入所の措置に至った子どもと親への支援に限定することがある。

　親子が共に暮らすあるいは共に暮らすことを目指す場合は、不適切な養育を改善させ、親子関係を再構築し、維持するための支援を行う。家庭復帰が困難な場合は、親子が納得して一定の距離を取って生活することへの支援を行い、現実の親子の交流が無いもしくは望ましくない場合は、子どもが生い立ちや親との関係を整理する支援や永続的な養育を受けるための支援を行う。

　支援に当たっては、子どもが生い立ちの中で抱えてしまっている、親や自分に対する否定的な感情や考えを肯定的なものとしたり、特に長期にわたって親子分離が続く子どもについて、自分のルーツを確認できる取組みを行ったりすることに留意する。また、親が自身の育ちの中で不適切養育を受けていたことや現在の生活で困難を抱えていることが少なくないため、親の心情に寄り添い、改善するための手立てを具体的に探っていくことが回復への糸口になる。

31.
☑ 児童虐待の種類

　「児童虐待の防止等に関する法律」第2条では、児童虐待を4つに分類し、その定義を規定している。こども家庭庁は、この分類に基づき、行為の例を①

身体的虐待（殴る、蹴る、叩くなど）、②性的虐待（こどもへの性的行為、性的行為を見せる、性器を触る又は触らせるなど）、③ネグレクト（家に閉じ込める、食事を与えない、ひどく不潔にする、自動車の中に放置するなど）、④心理的虐待（言葉による脅し、無視、きょうだい間での差別的扱いなど）のように挙げている。また、近年は、子どもの前で暴力を振るう面前DVを含む心理的虐待の割合が約6割を占めている。

　施設実習で出会う子どもたちの中には、被虐待体験を持つ子どもも少なくない。また、実際に受けた虐待は複数の種類が重複している場合も多い。虐待の種別だけにとらわれず、被虐待体験が及ぼす影響をよく理解し、子どもたちへの丁寧なかかわりを行ってほしい。

参考文献　こども家庭庁HP「児童虐待の定義」「児童虐待の現状」（https://www.cfa. go.jp/policies/jidougyakutai/, 2023年10月14日閲覧）。

32.

☑ 児童虐待の対応

　「児童虐待の防止等に関する法律」では児童虐待について、身体的虐待、性的虐待、ネグレクト、心理的虐待の4類型に定められており（第2条）、同法第6条において、「児童虐待を受けたと思われる児童を発見した者は、速やかに、これを市町村、都道府県の設置する福祉事務所若しくは児童相談所又は児童委員を介して市町村、都道府県の設置する福祉事務所若しくは児童相談所に通告しなければならない。」とされている。

　虐待に関する通告があった場合、幼稚園・保育所・学校等からのローリスク、早期発見ケース等は市区町村が対応するが、市区町村には一時保護をする権限がないため、中度以上の虐待、分離保護が必要なケース、生命の危機があるケース等は児童相談所が対応することとなっている。

参考文献　厚生労働省雇用均等・児童家庭局総務課（2013）「子ども虐待対応の手引き（平成25年8月改正版）」（https://warp.da.ndl.go.jp/info:ndljp/pid/11113529/www. mhlw.go.jp/seisakunitsuite/bunya/kodomo/kodomo_kosodate/dv/dl/130823-01c.pdf, 2023年10月20日閲覧）。

33. ☑ DV

DV とはドメスティックバイオレンスの略語であり、配偶者、事実婚、同居する相手などの親密な（であった）関係で生じる暴力のことである。配偶者からの暴力の防止及び被害者の保護等に関する法律（通称、DV 防止法）では、「暴力」を身体的な暴力に加えて、心身に有害な影響を及ぼす言動と定義している（第 1 条）。この「言動」のなかには、暴言などの精神的なもの、性行為を強要するなどの性的なもの、必要な金銭を渡さないなどの経済的なもの、相手の行動を制限するなどの社会的なもの、自分の言いたいことを子どもに言わせるなどの子どもを利用したものがあるとされる。

子どもの面前での DV は児童虐待のなかの「心理的虐待」にあたることから、児童虐待を理由とした施設入所のケースでは、虐待だけでなく DV も生じた家庭で過ごした子どもがいる。実習では被虐待児童へのケアの方法、家庭復帰をどう捉えるのか理解する機会としたい。

34. ☑ ストレングス

ストレングス（strength）とは、人の「強み」「長所」「持ち味」を意味する。資格や特技だけでなく、ポジティブな考え方、意欲、笑顔、字がきれいなこと、他者に助けを求める力など、人は誰でも何らかのストレングスを持っている。また、人が暮らす環境に、支援サービス、協力者や理解者、快適な設備、豊かな自然などが存在すれば、それらはその環境のストレングスである。これら本人や環境の持つストレングスは、問題解決への大きな力となる。

実習施設においても、子どもたち、職員、実習生、施設内外の生活環境それぞれのストレングスが上手く発揮されれば、互いに良い影響を与え合い、個々の子どもたちの成長につながる。実習に参加する前に、自分にはどのようなストレングスがあるのか、そのストレングスを実習の中でいかに活かすか、考えてみて欲しい。

35. ☑ エンパワメント

当事者が持ち得る力を最大限に発揮することができるよう、個人の内面の力

に焦点を当てるだけではなく、その内面に備わった力を表出することができるよう環境を調整することを意図している。支援者は、当事者のストレングス（strength：強さ・持ち味）を見出し、それを生かすことができるよう環境を整えていくことが求められる。また、できるかぎり、本人の自己決定を引き出すことができるような支援が求められる。

実習では、しばしば対象者のできないことに目を向けてしまうことがある。しかしながら、できることに着目して持ち味を発揮できるよう環境を整える、施設の工夫や努力にこそ注目してほしい。そして、実習生自身も対象者へのアプローチの中に学んだことを反映させていってもらいたい。

36.

☑ ライフストーリーワーク

子どもには、出自について知る権利がある。しかし、幼くして実親と離れ、実親の顔すら知らない子どもたちがいる。自分はどのようにして生まれたのか。なぜ今実親と共にいないのか。過去から現在までの自己物語が不明瞭だと、自分の存在までもが不明瞭になる。

ライフストーリーワークは、子どもが知りたいと望む過去の事実を収集・整理し、自分が何者であるかを理解して、胸を張って未来へ歩み出す過程を支える取組みである。子どもは支援者と共に、生まれた病院や過去の居住地を訪ねたり、過去を知る人物と会って話を聴いたりし、写真やビデオ等の記録に残す。アルバムのように、繰り返し見て話すことを可能にするためである。子どもの内面にはさまざまな感情が生まれ、記憶が呼び起こされることもある。何を表現しても大丈夫だという、安心できる存在であることが支援者には求められる。

関連するものとして「育てノート［注］」がある。これは、子どもの養育にかかわってきた人たち（実親も含む）の養育記録・生活記録やメッセージ、生育過程での重要なエピソード・人・物・場所などをノート（記録）に綴ったものである。子どもの思いを聴くことや、生い立ちの整理も含まれるが、施設から里親へなど、養育者が変わる際に養育の連続性や質の向上を保障することが目的である。「育てノート」は、子ども自身が自己物語を綴っていくライフストーリーワークの重要な資料となることは間違いないが、ライフストーリーワークとは目的を異にするものと考えた方がよい。

37. 社会的養護における支援の枠組み・支援の過程（アドミッションケア、インケア、リービングケア、アフターケア）

　入所型の児童福祉施設に措置される際、支援の過程を４つに分けることができる。施設入所前に生活のリズムを整え、入所予定の子どもが施設の見学や体験を行ったり、措置変更先である児童養護施設の職員が乳児院を訪れたりする「アドミッションケア」、入所した子どもへの養育支援や心身の成長を支える「インケア」、施設退所前の自立準備期間や退所後間もない頃の生活環境の変化に対応できるようサポートする「リービングケア」、退所後のさまざまな困難や相談事を抱えた退所児に相談援助や支援を提供する「アフターケア」である。

　実習で入所児童へのインケアを観察することは容易であるが、他の３つのケアについては短い実習期間で見ることが難しいかもしれない。また、それらの取組みは施設によって大きく異なるため、職員への質問を通して理解を深めるとよいであろう。

38. 子育て支援と約束表

　子育て家庭を対象としたさまざまな調査に基づいて研究開発された、子育て支援の実践モデルに、芝野（2002）による「親と子のふれあい講座」がある。このモデルでは、①子育てをもっと楽しみたい、②自分の子どもについての具体的な育児知識が欲しい、③具体的な育児技術を身につけたい、④横のつながりを持ちたい、⑤息抜きをしたい、という目標が示されている。

　その具体的なプログラムの中に、「約束表」がある。「約束表」とは、保護者が子どもと一緒にルールを決め、壁などに貼って、子どもが物事に取り組むやる気や意欲を高める支援である。そうした支援は、児童養護施設等さまざまな児童福祉施設でも実践されているため、施設実習前に学んでおきたい。

参考文献 芝野松次郎（2002）『社会福祉実践モデル開発の理論と実際——プロセティック・アプローチに基づく実践モデルのデザイン・アンド・ディベロプメント——』有斐閣。

39.

☑ ペアレンティング

　"ペアレンティング（動名詞：parenting）"という言葉は、"ペアレント（動詞：parent）"に由来しており、日本では「子を育てること、育児すること、しつけること」などと訳され、用いられている。また、この言葉には、単に子どもの世話をするという意味ばかりではなく、親の愛情を子どもへ適切に伝えること（方法）や、子どもの問題に適切に対応すること（方法）、親が自身の感情と適切に向き合うこと（方法）などといった意味合いも含まれており、健全で良好な親子関係を築く方法として、海外で研究されたプログラムが日本にもいくつか紹介されている。

　子ども家庭福祉の現場においては、直接支援を担う職員がペアレンティングに関する知識や方法（スキル）を理解し、実践できることは、発達特性やアタッチメント障害、トラウマ等の課題を有する子どもとの良好な関係構築や、子どもの社会適応の促進に資することが示唆されている。

40.

☑ TEACCH プログラム

　Treatment and Education of Autistic and related Communication handi-capped Children（自閉症とその関連する領域にあるコミュニケーション障害のある子どもたちの治療と教育）は、1960年代にアメリカ人心理学者エリック・ショプラー（Eric Schopler, 1927-2006）を中心に、アメリカのノースカロライナ大学で開発された自閉症児・者への支援プログラムである。現在では多くの国で療育に取り入れられている。自閉症を持つ人への構造化された直接的な支援や家族支援を含む包括的な支援プログラムとなっている。

　自閉症児が在籍する、たとえば児童発達支援センターなどでの実習では特に、事前学習として欠かせない用語の一つとなっている。授業で学んでいるならば復習し、まだ学んでいない場合は自分で詳細について調べてみよう。TEACCH を実践している現場での実習経験は非常に貴重な経験となり、将来の障害児・者とのかかわりで大きく役に立つだろう。

41. ☑ 感覚統合訓練

　感覚には、自覚しやすい五感に加え、身体の動きや力加減をコントロールする固有覚、身体のバランスをとる平衡感覚（前庭覚）があり、目的に応じて感覚をバランスよく使用することを感覚統合という。これらの感覚は発達の土台であり、「気になる」行動の背景には感覚統合の発達が関係していることも多い。感覚統合訓練は、訓練・遊びを通して適切な感覚を刺激・調整し、子どもの発達を支えていくものである。

　感覚のアンバランスは、視覚、聴覚、触覚から得た情報の処理や、力加減（固有覚）や姿勢（平衡感覚）の制御の困難を生じさせ、整列、着替え、食事等、日常のさまざまな場面での「できない」にかかわるため、自尊感情の低下など二次障害にもつながりやすい。「訓練」とはいえ、実習では遊びを通して本人の「やりたい」気持ちの中で、さまざまな感覚刺激と成功体験を重ねていくことが重要である。

42. ☑ 赤ちゃんポスト（こうのとりのゆりかご）

　親が育てられない乳児を遺棄し、命の危険にさらすことを防ぐため、病院が匿名で預かる仕組み。病院の一角にある小さな部屋に赤ちゃんを置くと、職員が駆けつけ保護する。日本では、熊本市の慈恵病院が2007（平成19）年から運用する「こうのとりのゆりかご」（慈恵病院は、自院の施設を赤ちゃんポストと呼称しない）が有名である。現在では、全国的に妊娠・出産に関する匿名相談の窓口が増え、預けられる子どもの数は減っている。しかし誰にも知られないよう自宅で孤立出産する女性が多く、慈恵病院は2019（令和元）年、匿名で出産できる「内密出産」を導入した。母親の身元は病院の相談室長にのみ明かされ、その記録は金庫に保管、子どもが一定の年齢になると開示することで、子どもの「出自を知る権利」にも対応する。ただし「内密出産」に関する法制度は無い。国は「妊婦がその身元情報を明らかにして出産することが大原則」としながらも、2022（令和4）年にガイドライン［注］を示した。

注　法務省民事局長・厚生労働省医政局長・厚生労働省子ども家庭局長 通知（2022）「妊婦がその身元情報を医療機関の一部の者のみに明らかにして出産したときの取扱いについて」令和4年9月30日付（https://www.mhlw.go.jp/content/000995585.pdf, 2023年11月12日閲覧）。

43.

☑ 感染症

　病気の原因となるウイルスや細菌などの病原体が人の体の中に入り増殖し、その結果、発熱、嘔吐、下痢などさまざまな症状を起こすことである。空気感染するもの（麻疹ウイルスなど）、飛沫感染するもの（インフルエンザ、新型コロナウイルスなど）、接触感染するもの（ノロウイルス、新型コロナウイルスなど）がある。「児童福祉施設における感染症対策マニュアル」〔注〕には、基本的な予防策について説明されている他、子どもの年齢別、障害の種類・有無別、施設別に感染症対策のポイントが示されているので、実習前に確認しておくことをお勧めする。嘔吐物・排泄物等の処理方法については、厚生労働省「感染対策普及リーフレット」を参照するとよい。

> **注**　令和3年度子ども・子育て支援推進調査研究事業（2022）「児童福祉施設における感染症対策マニュアル」2022年3月31日（https://www.pref.fukuoka.lg.jp/uploaded/attachment/189610.pdf, 2023年11月12日閲覧）。

44.

☑ 身体障害・知的障害・精神障害の3区分

　障害者基本法第2条及び児童福祉法第4条第2項により定義される「障害」のこと。身体障害は法で程度（1級～7級）と範囲（肢体不自由、聴覚、視覚等）が定められている。知的障害は法の定めはなく、運用上、知能指数（IQ）と日常生活能力により「最重度（A1）」「重度（A2）」「中度（B1）」「軽度（B2）」の4つの程度で分類されることが多い。精神障害は法で精神疾患による日常生活能力により程度（1級～3級）が定められており、発達障害も精神障害に含まれる。代表的な精神疾患として、気分障害の一つである「うつ病」や思考や行動がまとまらなくなる「統合失調症」などがある。

　障害のある対象者は反応が伝わりにくいことがあるので、実習では小さな変化を見逃さずアプローチしてほしい。また、たとえば視覚障害と知的障害の重複した障害がある場合は特に注意が必要で、知的障害のある人に用いることの多い、視覚を用いたコミュニケーションができないので、対象者に触れながら体の動きでコミュニケーションを取るといったような工夫が必要になる。

45.

☑ 発達障害

　代表的なものに、対人コミュニケーションの困難や限定的な反復行動（こだわり）の強さなどで診断される自閉スペクトラム症（ASD）、多動性・不注意・衝動性の症状を示す注意欠如多動症（ADHD）、読み・書き・計算などの特定領域において著しい困難を有する限局性学習症（LD）、身体の各部分を使う協調運動（例：ボールを投げる・捕る）に困難を示す発達性協調運動症（DCD）などがある。

　発達障害は先天的な脳機能の障害であり、生まれ持った「その人の特性」である（障害そのものを治すことはできない）。したがって、支援は周囲の物的・人的環境の調整（環境や対応の工夫）が中心となる。障害福祉系施設での実習では、「障害」だけに目を向けるのではなく、「生活」の支援であることを忘れずに、本人の困りごとを軽減し、伸びようとする力を大切にしたい。

46.

☑ 愛着障害（アタッチメント障害）

　愛着障害は、劣悪な環境で育った場合など、何らかの理由で愛着そのものが形成されない場合に診断される。愛着に関連する障害には、①反応性愛着障害（愛着行動がほとんど見られない）、②脱抑制型対人交流障害（誰に対しても無警戒・馴れ馴れしさ・過ревな身体接触を示す）があり、どちらも、養育者・見知らぬ他者の区別が見られない（または見られにくい）ことが特徴として挙げられる。

　愛着障害は後天的な（関係性の）障害であるが、発達障害（先天的な脳機能の障害）と混同されることがある。たとえば、同じ「多動」でも、認知や感情に左右されない場合（発達障害）と、安全な場所を求めている場合（愛着障害）では、支援の仕方は大きく異なる。施設実習においては、障害を見極めるという視点ではなく、まずは、子ども・利用者一人ひとりの行動の背景・理由を捉えようとする姿勢を大切にしたい。

47.

☑ てんかん

慢性の脳障害で大脳の神経細胞が過剰な電気信号を発射することによって、

けいれん、一時的に意識がなくなる欠（けっ）神（しん）、脱力、幻聴など、さまざまな症状が発作として繰り返しみられる疾患。遺伝疾患以外の基礎病因が不明な特発性てんかん、先天性または後天性の脳障害など病因の明らかな症候てんかん、症候性と考えられるが病因が特定できない潜在性てんかんに分けられる。

　実習においては、特に児童発達支援センターや成人障害者の就労支援事業所、入所施設で実習を行う場合、児童や利用者にけいれんして倒れるような大きな発作を起こす人がいるかどうかは、実習生も把握しておくようにしたい。てんかん発作はしばらくすれば治まるので、発作自体は怖いものではなく、むしろ、交通量の多い道路や階段の途中で倒れるなど、時と場所によって大きなケガにつながることが怖いので、しっかり観察し、予兆があるときは危ない状況の回避に努めることが必要である。

48.
☑ アタッチメント（愛着）

　アタッチメント（愛着）は、ボウルビィ（John Bowlby, 1907-1990）により提唱された、特定の人物に対して形成される強い情緒的きずなのことであり、子どもは愛着関係を形成している人を「安全基地」として、安心して探索や挑戦をするようになる。エインズワース（Mary D. Ainsworth, 1913-1999）によって考案されたストレンジシチュエーション法（分離・再開場面において子どもが養育者に対して示す行動を測定する手法）では、愛着行動は、①回避型（距離を置きがち）、②安定型（信頼感を示す）、③両価型またはアンビバレント型（不安傾向や混乱を示す）、④無秩序・無方向型（不自然でぎこちない行動を示す）の4つに分類されている。

　乳児院や児童養護施設における実習では、子どもはさまざまな理由で家族と離れて生活していることを踏まえ、アタッチメントに関して事前に十分に学んだ上で子どもの理解に努め、施設や保育士の役割について理解を深めたい。

49.
☑ 強度行動障害

　1989（平成元）年の行動障害児（者）研究会による報告書において、「強度行動障害」は、「精神科的な診断として定義される群とは異なり、直接的他害

（噛み付き、頭突き等）や、間接的他害（睡眠の乱れ、同一性の保持等）、自傷行為等が通常考えられない頻度と形式で出現し、その養育環境では著しく処遇の困難な者であり、行動的に定義される群」であり、「家庭にあって通常の育て方をし、かなりの養育努力があっても著しい処遇困難が持続している状態」と定義されている。

　この定義から、まず、噛みつき、頭突きといった直接的な他害があり、次に、睡眠の乱れ、同一性の保持（こだわり行動が持続した状態）といった間接的な他害がある。その上で、自傷行為等が通常考えられない頻度と形式で長時間出現しており、こうした行動の障害を一般的な養育環境下で、努力して支援しても改善が困難であるという特性がある。対象者とかかわる私たちには、困った人だという捉え方ではなく、その人自身が困っている状態をそうした行動により伝えているのだといった理解が求められる。このような行動上の障害がある子ども・利用者への支援も、児童福祉施設や障害者支援施設で行われることがあるということを理解した上で、実習に参加する必要がある。

参考文献　行動障害児（者）研究会（1989）「強度行動障害児（者）の行動改善および処遇のあり方に関する研究」キリン記念財団。

50.
☑ 乳幼児突然死症候群（SIDS）

　乳幼児突然死症候群は、厚生労働省によって、「それまでの健康状態および既往歴からその死亡が予測できず、しかも死亡状況調査および解剖検査によってもその原因が同定されない、原則として1歳未満の児に突然の死をもたらした症候群」と定義されている。何ら予兆や病歴のない乳幼児が睡眠中に死に至る、原因のわからない病気である。予防方法は未確立だが、①あおむけに寝かせる、②できるだけ母乳で育てる、③たばこをやめる、という3つのポイントを守ることにより発症率が低くなるというデータがある。乳幼児が生活する施設では、睡眠中の死亡事故を防ぐために、定期的な観察（呼吸・姿勢・顔色等）や、異常発生時の対応訓練が行われている。実習までに緊急時の対応方法を身につけるよう努め、実習中には睡眠時の観察や記録の方法を実践的に学ぶようにしたい。

参考文献　こども家庭庁 HP「乳幼児突然死症候群（SIDS）診断ガイドライン（第2版）」（https://www.cfa.go.jp/assets/contents/node/basic_page/field_ref_resources

/20c221ff-143f-404e-a922-f8db45e701ee/60d70c89/20230401_policies_boshihoken_
kenkou_sids_guideline_03. pdf, 2023年10月11日閲覧）。

51.

☑ ダウン症

　　イギリス人医師、ジョン. L. H. ダウン（John Langdon Haydon Down, 1828-
1896）によって発見された、知的障害を伴う先天性疾患。通常、2本あるはず
の人の21番目の染色体が、3本あるという染色体異常（トリソミー）によって
起こる。知的障害以外に、頭が小さい、目が細くつり上がっている、鼻が低い、
身長が低いなど外見的特徴があり、性格は人なつっこいとされている。母体が
高齢であるほど発症率は高くなる。

　　施設実習で障害がい児・者が在所する施設で実習する場合はダウン症を持っ
ている方がいる可能性は大きい。とてもおしゃべりでかかわりやすい人が多く、
実習生が施設にとけ込むきっかけを作ってくれることもある。しかし一方で、
合併症で心疾患や消化器官に疾患がある人も多く、無理な運動や食事に制限が
ある場合もあるので、実習生も十分に注意する必要がある。

52.

☑ 赤ちゃん返り

　　人は、受け入れがたい状況や不安、困難に直面した場合、自分を守ろうとす
る無意識の心理的作用がはたらく。それを「防衛機制」と呼ぶが、そのうちの
一つが「退行」で、赤ちゃん返りも一例である。発達的により未成熟な、以前
の状態に戻ることをいい、たとえば、弟や妹が生まれた時に、夜尿（おね
しょ）や指しゃぶりをするようになることがある。

　　赤ちゃん返り（や試し行動）は、施設入所や里親委託など、子どもが安心で
きる環境に置かれたときに起こる愛情の確認と捉えられる。そのため、実習生
が安心できる環境かどうか、子どもが赤ちゃん返りのような行動を示すことが
ある。それらは、誰にでも起こる自然な心理的作用であるため、問題行動とと
らえないほうがよい。また、愛情をかければ止むものでもなく、意識して試し
ているのでもないことを覚えておこう。

53. ☑ 障害福祉サービス等利用における医療的ケア（喀痰吸引・経管栄養・カテーテル）

　人工呼吸器による呼吸管理、喀痰吸引、経管栄養、カテーテルなどの医療行為を日常生活及び社会生活を営むために受けることが不可欠な18歳以上の高校生等を含む児童のことを医療的ケア児という（医療的ケア児及びその家族に対する支援に関する法律第2条）。障害福祉サービス等を提供する際には、医療的ケア児と保護者の意思を最大限に尊重し、医療的ケア児が求める個別の支援を切れ目なく受けられるように、適切な教育や支援を行うことが求められる。なお、各市町村では保育所等における医療的ケア児の円滑な受け入れや支援のためにガイドラインが策定されている。

　医療的ケア児は、医療型障害児入所施設や医療型児童発達支援センター（児童発達支援センターは2024年度より医療型と福祉型を一本化）に在籍していることが多い。医療的ケアは看護師が行うことが多く、実習生が行うことはほとんどないと思われる。実習では医療的ケア実践の観察、保育士と医療職の連携や役割分担の理解などを中心に学ぶことになる。

54. ☑ 場面緘黙（選択性緘黙）

　WHOの国際疾病分類（ICD-11）が2018（平成30）年に公表、2022（令和4）年に発効された。そこで、selective mutism の訳語が、選択性緘黙から場面緘黙に変更された。その理由は、本人の意志で発語しないことを選択しているという誤解を選択性という訳語は招きやすいので、特定した場面で話せないという状態を表す場面緘黙が採用されたのである。このように、場面緘黙には自ら発言を拒否しているというよりも、特定の場面で発言することができない状態を指している。それゆえに、場面緘黙は家庭外の児童福祉施設や学校などで症状が出るので、福祉や教育など環境要因の検討が必要となる。藤間・外山（2021）は、場面緘黙による不適応の改善に役立つ行動としては、「話す必要性を減らす」「不安や緊張を軽減させる」「発話能力を向上させる」があると報告している。

　場面緘黙について気を付けることは、「話さない」というわけではなく「話せない」と認識すること事である。無理に言葉を発するように支援をするので

はなく、子どもの気持ちを大人が代弁したり、返事をしたりする場面においては、返事の代わりにハイタッチで表現できるようにしたりするなど、代替えができるようにするとよい。また、「楽しかった？」「おいしかった？」と疑問形で聞くのではなく、「楽しかったね」「おいしかったね」と共感できるような声掛けがいいだろう。さらに、「人とやり取りするのが楽しい」と思えるような経験をすることも大事になってくる。

参考文献　藤間友里亜・外山美樹（2021）「場面緘黙経験者の適応・不適応過程についての研究」『教育心理学研究』第69巻、pp. 99-115。

55.
☑ 褥瘡（じょくそう）

　長時間同じ姿勢を維持するなどして身体が圧迫され血流が妨げられることにより、皮膚やその下の組織が壊死となった状態である。主に、寝たきりの状態にあり寝返りを打つことが困難な人に発生する。予防が最重要であり、2時間を超えない範囲の定期的な体位交換、エアマットレス等による圧力の分散、低栄養状態の改善、清潔保持やスキンケアを行う。適切なケアがないと感染のリスクも高まり、深刻な合併症を引き起こす可能性がある。

　自力での体位交換ができない肢体不自由のある障害児・者にとっては、上記の手立ては日常的に必要なケアである。障害者支援施設、児童発達支援センター等の肢体不自由児・者を支援対象に含む施設では、こうしたケアの知識や技術について事前学習をしておくことが望ましい。

参考文献　日本褥瘡学会 HP（https://www.jspu.org/general/prevention/2023年11月15日閲覧）。

56.
☑ 家庭支援専門相談員（ファミリーソーシャルワーカー）

　児童福祉施設の設備及び運営に関する基準（厚生労働省通知）の第42条に基づき、乳児院、児童養護施設、児童心理治療施設、児童自立支援施設に配置しなければならない専門職である。社会福祉士または精神保健福祉士の有資格者、児童養護施設等で児童の養育に5年以上従事した者、児童福祉法第13条第3項の各号（児童福祉司の任用要件）に該当する者が資格要件である。主な業務は、入所する子どもの早期の家庭復帰が図られるよう、保護者等との連絡調整、相

談・指導などを児童相談所と連携して支援することである。また、施設を退所した子どもからの相談に応じる役割も担う。

　入所する子どものなかには、保護者等の同意なく入所措置がとられたケースもあり、家庭の状況を把握しながら家庭復帰の可能性を探ることが求められる。実習施設において、家庭支援専門相談員が配置されていれば、講話等により家庭支援の業務を理解する機会としたい。

57.
☑ 里親支援専門相談員（里親支援ソーシャルワーカー）

　2012（平成24）年 4 月に「家庭支援専門相談員、里親支援専門相談員、心理療法担当職員、個別対応職員、職業指導員及び医療的ケアを担当する職員の配置について」（厚生労働省雇用均等・児童家庭局長通知）が発出され、里親支援専門相談員が児童養護施設や乳児院に配置されることとなった。その役割は、子どもと里親の側に立ち、① 所属施設の児童の里親委託の推進、② 退所児童のアフターケアとしての里親支援、③ 地域支援としての里親支援を行うことにある。この地域支援の拠点機能により、里親やファミリーホームへの支援体制の充実が図られることになる。また、児童養護施設や乳児院と里親との新たなパートナーシップも構築されることが期待されている。

　実習では、里親委託にはどのようなプロセスがあるのかを理解すると共に、施設内ではどのような子どもが里親委託を推奨されているのかを学んでもらいたい。

58.
☑ 個別対応職員

　乳児院、児童養護施設、母子生活支援施設、児童心理治療施設、児童自立支援施設においては、被虐待児等への安定的なかかわりのなかで、生活場面における一対一の個別対応や個別面接を行うことにより、虐待を受けた子ども等への対応を充実することが求められる。また、保護者への援助その他を行うことも必要であるため、2001（平成13）年度より社会的養護を担う児童福祉施設に個別対応職員が配置されている。

　実習においては、個別対応を必要とする子ども等の状況（たとえば発達特性やアタッチメント障害、トラウマなどの影響による集団・社会適応の難しさ等）に

ついて理解を深めるとともに、どのような方針、内容の支援が実践されているのかに注目してほしい。また、施設という集団生活の場（ルールや集団行動が存在している等）での実践について、どのような課題が存在し、工夫がなされているのかにも注目してほしい。

--------------------------- ③ 人物関連事項 ---------------------------

59.
☑ アダムズ（Jane Addams, 1860-1935）

　アダムズは、バーネットらによるセツルメント運動の影響を受けて、1889（明治22）年、米国のシカゴにハルハウスを設立し、貧民らとともに過ごすなかでその過酷な生活実態を明らかにした。また、必要な支援について貧民らとともに行政や労働組合に働きかけたソーシャルワークの先駆者であり、1931（昭和6）年にノーベル平和賞を受賞している。その功績は、子どもの労働、非行、女性への支援など多岐にわたる。

　保育者には、専門職として、子どもや家庭だけでなく、地域の実情に応じたサービスの提供や課題解決に向けてさまざまな社会資源を活用・開発することも求められている。アダムズは、ハルハウスを拠点として多岐に渡る活動を展開するなかで、グループダイナミクス（集団力学）の活用を大切にした。実習では、社会資源を効果的に活用し、肯定的・建設的な相互作用が起こるよう支援している現場の工夫について学びを深めてほしい。また、地域のなかで対象者らの気持ちを代弁し、人権を擁護する専門職として、相互理解と相互尊重に導いていくことも重視されたい。

60.
☑ 岡村重夫（1906-2001）

　社会福祉学者である。岡村は、人と社会、すなわち法制度をはじめ福祉サービスなどの（環境）との関係を「社会関係」と呼び、個人の側を社会関係の主体的側面、社会制度の側を社会関係の客体的側面とした。こうした考え方は岡村理論とも言われ、社会関係の主体的側面である個人（当事者）の立場に立つことが社会福祉固有の視点であるとした。社会福祉援助の対象は、個人が有す

る社会生活上の基本的要求を満たすために必要なこうした社会関係に生じた不調の克服を目指すものである。

　実習中、こうした視点を意識してみると、私たちの生活において、社会関係の不調が表面化することによって問題が生じるという理解につながる。こうした理解は、実習中に出会うその人だけではなく、その人を取り巻く環境、そして、その関係性に目を向けることが可能となり、問題を把握することに役立つだろう。

61.
☑ 糸賀一雄 （1914-1968）

　太平洋戦争終結後、児童福祉法制定に先駆けて、戦災孤児とその中に多く含まれていた知的障害児を保護し、1946（昭和21）年に滋賀県大津市に近江学園を開設した。最初は、養護施設と精神薄弱児施設（当時）として認可を受けた。1963（昭和38）年には同じく大津市に重症心身障害児施設（当時）びわこ学園を開設し、障害児・者の人権を擁護し、発達保障を論じた。

　障害児・者福祉を実践する人間にとって、糸賀一雄の影響は非常に大きい。「この子らを世の光に」という言葉には、障害を持つ子どもにも、そうでない子ども同様に、発達、成長する権利があり、光り輝く存在であるという意味が込められている。

　障害児・者施設で実習をする際には、糸賀一雄の実践と理論が日本の戦後の障害児・者福祉の礎になっていることを覚えておきたい。

62.
☑ 石井十次 （1865-1914）

　1865（慶応元）年、宮崎県児湯郡上江村（現・高鍋町）に生まれる。岡山甲種医学校（現在の岡山大学医学部）在学中に、巡礼者から子どもを預かったことから孤児救済活動をはじめ、1887（明治20）年、岡山市内の寺院に「孤児教育会」（のちに岡山孤児院に改称）を設立した。濃尾地震（1891（明治24）年）や東北大凶作（1905（明治38）年）では、多くの孤児を保護し、1906（明治39）年には入所児1200人に達した。郷里の茶臼原への移転が完了した2年後、1914（大正3）年に48歳で亡くなった。

　当時は公的な児童福祉制度がなく、岡山孤児院は、大原孫三郎（1880-1943）

らの支援や国内外からの寄付によって成り立っていた。その一方で、小舎制養育、自立支援、ソーシャルワーク、里親委託など、今日にもつながる実践があるなど、見返りを求めず子どもに愛情を注いだ石井の独創性あふれる慈善活動をぜひ知ってもらいたい。

63. ☑ 石井亮一（1867-1937）・石井筆子（1861-1944）

　日本で最初に、知的障害児施設である「滝乃川学園」を創設した。妻である筆子は、夫、亮一が他界したのち、学園の運営に生涯を捧げた。亮一は、1891（明治24）年の濃尾大地震で親を失った孤児たちを引き取り、育てるために、「聖三一弧女学院」を創設した。その中に、知的障害児がいたことがきっかけとなり、障害児教育に力を注ぐことになった。当時、日本では障害児に対する教育が確立されておらず、アメリカへ留学し、知的障害児教育と福祉について学んだ。

　当時、知的障害児が理解されず排除され、教育は必要ないとされていた時代に、知的障害児を受け入れて、先見の明をもって医療・教育・福祉の連携を説き、自立教育に力を注いだ亮一・筆子夫婦の想いを知ってほしい。そして、知的障害児教育の重要性を学び、障害児・者に対する理解を深めて欲しい。

64. ☑ 留岡幸助（1864-1934）

　児童自立支援施設の先駆けとして、支援を体系化した実践家。1864年岡山県生まれ。神学校卒業後、刑務所のカウンセラー（空知集治監の教誨師）になる。受刑者の子ども時代が一様に不遇だったことから、犯罪の抑止には、子ども時代に家庭から離れて適切な教育を受けることが重要であると思い至り、東京の巣鴨に感化院「家庭学校」を創設する（その後、北海道に移転）。この頃、他の慈善家による施設も存在したが、明確な理論体系がなく、社会と隔離し、労働を強いていた。留岡は、米国への留学で得た知見を基に、開放的で家庭的な環境が必要と考え「小舎夫婦制」を取り入れ、「三能主義（よく働き、よく食べ、よく眠る）」「自然の感化」を生活の基本とした。あわせて、感化法施行規則の作成に携わり、自らの実践を国の事業として体系化した。なお、児童福祉法の制定により、1947（昭和22）年に教護院となり、その後の法改正で1998（平

成10年）年から児童自立支援施設となった。

65.

☑ バンク - ミケルセン（Niels Erik Bank-Mikkelsen, 1919-1990）

　障害者福祉を支えるノーマライゼーションの理念を理論化した人物。ナチスによる障害者への迫害や自身が強制収容所に入っていた経験から、障害者にも「あたりまえの」「普通の」生活を送る権利があり、それを支える社会の構築を実現していく必要があると訴えた。1959（昭和34）年には、知的障害者の保護者らが作った「親の会」とともに、ノーマライゼーションの理念を盛り込んだ「1959年法」を成立させることに尽力した。

　バンク - ミケルセンは、専門職としての倫理観を考える上で大切な気づきを与えてくれる存在であるため、ノーマライゼーションの理念とともに、彼が歩んだ人生も踏まえて理解してほしい。今や障害者福祉だけでなく、社会福祉全般にも影響を与えている人物である。

66.

☑ コルチャック（Janusz Korczak, 1878-1942）

　本名ヘンリク・ゴルトシュミット（Henryk Goldszmit）。1878（明治11）年、ポーランドでユダヤ人家庭に生まれる。小児科医・作家として成功すると、1911（明治44）年にユダヤ人の子どものための施設「ドム・シエロ」（孤児たちの家）、1919（大正8）年にポーランド人の子どものための施設「ナシュ・ドム」（私たちの家）を設立した。ナチス・ドイツのポーランド侵攻で、1940（昭和15）年にはゲットー（ユダヤ人隔離地域）に移住させられ、1942（昭和17）年8月、トレブリンカ絶滅収容所にて200人の子どもたちと共に殺害された。ヤヌシュ・コルチャックは、作家としてのペンネームである。

　コルチャックが大きな影響を与えたのが、1978（昭和53）年にポーランドが国連に提出した「子どもの権利条約」である。コルチャックが提唱した「子どもの今日を生きる権利」や「子どもの声を聞く大切さ」は、実習でも大いに参考になるだろう。実習の一日は単なる一日ではなく、子どもにとってかけがえのない日である。

67.
☑ マズロー（Abraham Harold Maslow）（1908-1970）

　マズローは、人の欲求を5つの階層（下位の欲求が満たされるとより上位の欲求が現れる）としてとらえる「欲求階層説」を唱えた。最も下位の欲求は①生理的欲求（生命活動の維持：栄養・水分・睡眠など）、であり順に、②安全欲求（心身の安全：恐怖や危険に脅かされない）、③所属・愛情欲求（他者とのつながり：家族、友人、学校など）、④承認欲求（他者・自己による評価）と出現し、これらがすべて満たされた上で、⑤自己実現欲求（やりたいことの実現・社会への貢献）が生じるとされる。

　社会福祉施設の利用者は、生活・就労等に何らかの困難を有している。そのため、実習において適切な支援を学ぶにあたっては、利用者個人へのかかわりだけでなく、実習施設全体を見渡しながら、それぞれの欲求がいかにして満たされているのかを理解することも大切である。

68.
☑ 小林提樹（1908-1993）

　日本の重症心身障害児施設の先駆けとなった「島田療育園」（現在の島田療育センター）を創設した初代園長。障害児の命と生活をより充実させようと、重症心身障害研究会（現在の日本重症心身障害学会）の創設や重症児医学の礎を築いた小児科医でもあった。重症心身障害児の親とともに「全国重症心身障害児（者）を守る会」を発足させ、重症心身障害児施設の設置や入所児童の年齢制限の撤廃など、制度の充実を図っていった。児童福祉施設への入所が認められなかった時代に重症心身障害児とその家族を救済するための施設づくりに尽力した。

　「この子は私である。あの子も私である。」といった座右の銘にあるように、どんなに重い障害を持っていたとしても、子どもたちのQOLを守ろうとする温かい気持ちを学んでほしい。

69.
☑ 高木憲次（1889-1963）

　日本で最初の肢体不自由児施設である「整肢療護園」（現在の心身障害児総合医療療育センター）の創設に尽力した人物。戦時体制における困難な状況の中、

民間の協力を得ながら建設運動を進めて開園させるに至った。東京大学整形外科の名誉教授だった高木は、障害児には治療・教育・職能を柱とした総合的な支援が必要であるとし、現在の「療育」の基礎を築いた人物でもある。また、肢体不自由児施設の制度化に尽力するだけでなく、全国の都道府県に療育相談や講演活動を行って施設設置に向けた普及活動を精力的に行った。

　高木が提唱した「療育」は、治療・教育・職業付与を柱とした考え方であり、現在のリハビリテーションの考え方と似ている。障害を持っている児童の自立支援について深く考えるきっかけにして欲しい。

70.

☑ バーナード（Thomas John Barnardo, 1845-1905）

　1845（弘化2）年にアイルランドに生まれたバーナードは、医学を学ぶために移住したロンドンで子どもの貧困・非行問題に強い関心を抱いた。1867（慶応3）年に貧民学校の監督者となり、1870（明治3）年には最初の宿泊施設（Dr. Barnardo's Home）を設立した。1905（明治38）年に60歳で亡くなるまで、国内外に90以上の施設を開設し、植民として子どもをカナダやオーストラリアにあっせんするなどした。戦後、イギリスは里親委託優先原則を打ち出し、児童移民も問題視されたため、1966（昭和41）年に Dr. Barnardo's に名称変更して施設閉鎖へと舵を切り、1988（昭和63）年に Barnardo's に名称変更した。

　Barnardo's は、実際には児童移民が過酷な人権侵害であった過ちから学び、現在では家庭・ヤングケアラー・障害がい児・LGBT＋の若者への支援や、里親委託、雇用訓練などに取り組んでいる。実習でも、時代に合わせて変化する施設の機能に注目しよう。

巻末資料１　全国児童養護施設協議会 倫理綱領

社会福祉法人　全国社会福祉協議会

全国児童養護施設協議会

原　則

　児童養護施設に携わるすべての役員・職員（以下、『 私 たち』という。）は、日本国憲法、世界人権宣言、国連・子どもの権利に関する条約、児童憲章、児童福祉法、児童虐待の防止等に関する法律、児童福祉施設最低基準にかかげられた理念と定めを遵守します。

　すべての子どもを、人種、性別、年齢、身体的精神的状況、宗教的文化的背景、保護者の社会的地位、経済状況等の違いにかかわらず、かけがえのない存在として尊重します。

使　命

　私たちは、入所してきた子どもたちが、安全に安心した生活を営むことができるよう、子どもの生命と人権を守り、育む責務があります。

　私たちは、子どもの意思を尊重しつつ、子どもの成長と発達を育み、自己実現と自立のために継続的な援助を保障する養育をおこない、子どもの最善の利益の実現をめざします。

倫理綱領

1. **私たちは、子どもの利益を最優先した養育をおこないます**

　　一人ひとりの子どもの最善の利益を優先に考え、24時間365日の生活をとおして、子どもの自己実現と自立のために、専門性をもった養育を展開します。

2. **私たちは、子どもの理解と受容、信頼関係を大切にします**

　　自らの思いこみや偏見をなくし、子どもをあるがままに受けとめ、一人ひとりの子どもとその個性を理解し、意見を尊重しながら、子どもとの信頼関係を大切にします。

3. **私たちは、子どもの自己決定と主体性の尊重につとめます**

　　子どもが自己の見解を表明し、子ども自身が選択し、意思決定できる機会を保障し、支援します。また、子どもに必要な情報は適切に提供し、説明責任をはたします。

4. **私たちは、子どもと家族との関係を大切にした支援をおこないます**

　　関係機関・団体と協働し、家族との関係調整のための支援をおこない、子どもと、子どもにとってかけがえのない家族を、継続してささえます。

5. **私たちは、子どものプライバシーの尊重と秘密を保持します**

　　子どもの安全安心な生活を守るために、一人ひとりのプライバシーを尊重し、秘密の保持につとめます。

6. **私たちは、子どもへの差別・虐待を許さず、権利侵害の防止につとめます**

　　いかなる理由の差別・虐待・人権侵害も決して許さず、子どもたちの基本的人権と権利を擁護します。

7. **私たちは、最良の養育実践を行うために専門性の向上をはかります**

　　自らの人間性を高め、最良の養育実践をおこなうために、常に自己研鑽につとめ、養

育と専門性の向上をはかります。

8．私たちは、関係機関や地域と連携し、子どもを育みます

　　児童相談所や学校、医療機関などの関係機関や、近隣住民・ボランティアなどと連携し、子どもを育みます。

9．私たちは、地域福祉への積極的な参加と協働につとめます

　　施設のもつ専門知識と技術を活かし、地域社会に協力することで、子育て支援につとめます。

10．私たちは、常に施設環境および運営の改善向上につとめます

　　子どもの健康および発達のための施設環境をととのえ、施設運営に責任をもち、児童養護施設が高い公共性と専門性を有していることを常に自覚し、社会に対して、施設の説明責任にもとづく情報公開と、健全で公正、かつ活力ある施設運営につとめます。

2010年5月17日　制定

巻末資料2　全国保育士会倫理綱領

　すべての子どもは、豊かな愛情のなかで心身ともに健やかに育てられ、自ら伸びていく無限の可能性を持っています。

　私たちは、子どもが現在（いま）を幸せに生活し、未来（あす）を生きる力を育てる保育の仕事に誇りと責任をもって、自らの人間性と専門性の向上に努め、一人ひとりの子どもを心から尊重し、次のことを行います。

　　私たちは、子どもの育ちを支えます。

　　私たちは、保護者の子育てを支えます。

　　私たちは、子どもと子育てにやさしい社会をつくります。

（子どもの最善の利益の尊重）

1．私たちは、一人ひとりの子どもの最善の利益を第一に考え、保育を通してその福祉を積極的に増進するよう努めます。

（子どもの発達保障）

2．私たちは、養護と教育が一体となった保育を通して、一人ひとりの子どもが心身ともに健康、安全で情緒の安定した生活ができる環境を用意し、生きる喜びと力を育むことを基本として、その健やかな育ちを支えます。

（保護者との協力）

3．私たちは、子どもと保護者のおかれた状況や意向を受けとめ、保護者とより良い協力関係を築きながら、子どもの育ちや子育てを支えます。

（プライバシーの保護）

4．私たちは、一人ひとりのプライバシーを保護するため、保育を通して知り得た個人の情報や秘密を守ります。

（チームワークと自己評価）

5．私たちは、職場におけるチームワークや、関係する他の専門機関との連携を大切にします。

　　また、自らの行う保育について、常に子どもの視点に立って自己評価を行い、保育の質の向上を図ります。

（利用者の代弁）

6．私たちは、日々の保育や子育て支援の活動を通して子どものニーズを受けとめ、子どもの立場に立ってそれを代弁します。

　　また、子育てをしているすべての保護者のニーズを受けとめ、それを代弁していくことも重要な役割と考え、行動します。

（地域の子育て支援）

7．私たちは、地域の人々や関係機関とともに子育てを支援し、そのネットワークにより、地域で子どもを育てる環境づくりに努めます。

（専門職としての責務）

8．私たちは、研修や自己研鑽を通して、常に自らの人間性と専門性の向上に努め、専門職としての責務を果たします。

社会福祉法人　全国社会福祉協議会
全 国 保 育 協 議 会
全 国 保 育 士 会

巻末資料3　社会福祉士の倫理綱領

2020年6月30日採択

前文

　われわれ社会福祉士は、すべての人が人間としての尊厳を有し、価値ある存在であり、平等であることを深く認識する。われわれは平和を擁護し、社会正義、人権、集団的責任、多様性尊重および全人的存在の原理に則り、人々がつながりを実感できる社会への変革と社会的包摂の実現をめざす専門職であり、多様な人々や組織と協働することを言明する。

　われわれは、社会システムおよび自然的・地理的環境と人々の生活が相互に関連していることに着目する。社会変動が環境破壊および人間疎外をもたらしている状況にあって、この専門職が社会にとって不可欠であることを自覚するとともに、社会福祉士の職責についての一般社会及び市民の理解を深め、その啓発に努める。

　われわれは、われわれの加盟する国際ソーシャルワーカー連盟と国際ソーシャルワーク教育学校連盟が採択した、次の「ソーシャルワーク専門職のグローバル定義」（2014年7月）を、ソーシャルワーク実践の基盤となるものとして認識し、その実践の拠り所とする。

　われわれは、ソーシャルワークの知識、技術の専門性と倫理性の維持、向上が専門職の責務であることを認識し、本綱領を制定してこれを遵守することを誓約する。

原理

Ⅰ（**人間の尊厳**）　社会福祉士は、すべての人々を、出自、人種、民族、国籍、性別、性自認、性的指向、年齢、身体的精神的状況、宗教的文化的背景、社会的地位、経済状況などの違いにかかわらず、かけがえのない存在として尊重する。

Ⅱ（**人権**）　社会福祉士は、すべての人々を生まれながらにして侵すことのできない権利を有する存在であることを認識し、いかなる理由によってもその権利の抑圧・侵害・略奪を容認しない。

Ⅲ（**社会正義**）　社会福祉士は、差別、貧困、抑圧、排除、無関心、暴力、環境破壊などの無い、自由、平等、共生に基づく社会正義の実現をめざす。

Ⅳ（**集団的責任**）　社会福祉士は、集団の有する力と責任を認識し、人と環境の双方に働きかけて、互恵的な社会の実現に貢献する。

Ⅴ（**多様性の尊重**）　社会福祉士は、個人、家族、集団、地域社会に存在する多様性を認識し、それらを尊重する社会の実現をめざす。

Ⅵ（**全人的存在**）　社会福祉士は、すべての人々を生物的、心理的、社会的、文化的、スピリチュアルな側面からなる全人的な存在として認識する。

倫理基準

Ⅰ　クライエントに対する倫理責任

1．（クライエントとの関係）　社会福祉士は、クライエントとの専門的援助関係を最も大切にし、それを自己の利益のために利用しない。

2．（クライエントの利益の最優先）　社会福祉士は、業務の遂行に際して、クライエントの利益を最優先に考える。

3．（受容）　社会福祉士は、自らの先入観や偏見を排し、クライエントをあるがままに受容する。

4．（説明責任）　社会福祉士は、クライエントに必要な情報を適切な方法・わかりやすい

表現を用いて提供する。

5．（クライエントの自己決定の尊重）　社会福祉士は、クライエントの自己決定を尊重し、クライエントがその権利を十分に理解し、活用できるようにする。また、社会福祉士は、クライエントの自己決定が本人の生命や健康を大きく損ねる場合や、他者の権利を脅かすような場合は、人と環境の相互作用の視点からクライエントとそこに関係する人々相互のウェルビーイングの調和を図ることに努める。

6．（参加の促進）　社会福祉士は、クライエントが自らの人生に影響を及ぼす決定や行動のすべての局面において、完全な関与と参加を促進する。

7．（クライエントの意思決定への対応）　社会福祉士は、意思決定が困難なクライエントに対して、常に最善の方法を用いて利益と権利を擁護する。

8．（プライバシーの尊重と秘密の保持）　社会福祉士は、クライエントのプライバシーを尊重し秘密を保持する。

9．（記録の開示）　社会福祉士は、クライエントから記録の開示の要求があった場合、非開示とすべき正当な事由がない限り、クライエントに記録を開示する。

10．（差別や虐待の禁止）　社会福祉士は、クライエントに対していかなる差別・虐待もしない。

11．（権利擁護）　社会福祉士は、クライエントの権利を擁護し、その権利の行使を促進する。

12．（情報処理技術の適切な使用）　社会福祉士は、情報処理技術の利用がクライエントの権利を侵害する危険性があることを認識し、その適切な使用に努める。

Ⅱ　組織・職場に対する倫理責任

1．（最良の実践を行う責務）　社会福祉士は、自らが属する組織・職場の基本的な使命や理念を認識し、最良の業務を遂行する。

2．（同僚などへの敬意）　社会福祉士は、組織・職場内のどのような立場にあっても、同僚および他の専門職などに敬意を払う。

3．（倫理綱領の理解の促進）　社会福祉士は、組織・職場において本倫理綱領が認識されるよう働きかける。

4．（倫理的実践の推進）　社会福祉士は、組織・職場の方針、規則、業務命令がソーシャルワークの倫理的実践を妨げる場合は、適切・妥当な方法・手段によって提言し、改善を図る。

5．（組織内アドボカシーの促進）　社会福祉士は、組織・職場におけるあらゆる虐待または差別的・抑圧的な行為の予防および防止の促進を図る。

6．（組織改革）　社会福祉士は、人々のニーズや社会状況の変化に応じて組織・職場の機能を評価し必要な改革を図る。

Ⅲ　社会に対する倫理責任

1．（ソーシャル・インクルージョン）　社会福祉士は、あらゆる差別、貧困、抑圧、排除、無関心、暴力、環境破壊などに立ち向かい、包摂的な社会をめざす。

2．（社会への働きかけ）　社会福祉士は、人権と社会正義の増進において変革と開発が必

要であるとみなすとき、人々の主体性を活かしながら、社会に働きかける。

3. （グローバル社会への働きかけ）　社会福祉士は、人権と社会正義に関する課題を解決するため、全世界のソーシャルワーカーと連帯し、グローバル社会に働きかける。

Ⅳ　専門職としての倫理責任

1. （専門性の向上）　社会福祉士は、最良の実践を行うために、必要な資格を所持し、専門性の向上に努める。

2. （専門職の啓発）　社会福祉士は、クライエント・他の専門職・市民に専門職としての実践を適切な手段をもって伝え、社会的信用を高めるよう努める。

3. （信用失墜行為の禁止）　社会福祉士は、自分の権限の乱用や品位を傷つける行いなど、専門職全体の信用失墜となるような行為をしてはならない。

4. （社会的信用の保持）　社会福祉士は、他の社会福祉士が専門職業の社会的信用を損なうような場合、本人にその事実を知らせ、必要な対応を促す。

5. （専門職の擁護）　社会福祉士は、不当な批判を受けることがあれば、専門職として連帯し、その立場を擁護する。

6. （教育・訓練・管理における責務）　社会福祉士は、教育・訓練・管理を行う場合、それらを受ける人の人権を尊重し、専門性の向上に寄与する。

7. （調査・研究）　社会福祉士は、すべての調査・研究過程で、クライエントを含む研究対象の権利を尊重し、研究対象との関係に十分に注意を払い、倫理性を確保する。

8. （自己管理）　社会福祉士は、何らかの個人的・社会的な困難に直面し、それが専門的判断や業務遂行に影響する場合、クライエントや他の人々を守るために必要な対応を行い、自己管理に努める。

注1．本綱領には「ソーシャルワーク専門職のグローバル定義」の本文のみを掲載してある。なお、アジア太平洋（2016年）および日本（2017年）における展開が制定されている。

注2．本綱領にいう「社会福祉士」とは、本倫理綱領を遵守することを誓約し、ソーシャルワークに携わる者をさす。

注3．本綱領にいう「クライエント」とは、「ソーシャルワーク専門職のグローバル定義」に照らし、ソーシャルワーカーに支援を求める人々、ソーシャルワークが必要な人々および変革や開発、結束の必要な社会に含まれるすべての人々をさす。

索　　引

編著者紹介

新 川 泰 弘（にいかわ やすひろ）［はじめに、第 1 章、第 2 章、第 5 章、第Ⅲ部 38・49］
　　関西学院大学大学院人間福祉研究科博士課程後期課程修了、博士（人間福祉）。
　　現在、関西福祉科学大学教育学部教育学科教授。
　　主な著書
　　　『地域子育て支援拠点におけるファミリーソーシャルワークの学びと省察』相川書房、2016年。
　　　『社会福祉入門』（共編著）、ミネルヴァ書房、2021年。
　　　『事例で楽しく学ぶ子ども家庭支援の心理学』（共編著）、中央法規出版、2023年。

渡 邊 慶 一（わたなべ けいいち）［第 6 章、第10章、第11章、第12章第 1・2・3 節、第Ⅲ部 16・17・26・28・35］
　　龍谷大学大学院社会学研究科社会福祉学専攻修士課程修了。
　　現在、京都文教短期大学幼児教育学科教授。
　　主な著書
　　　『社会的養護入門』（共著）、ミネルヴァ書房、2021年。
　　　『社会福祉──原理と政策──』（共著）、ミネルヴァ書房、2021年。
　　　『子どもと保護者に寄り添う「子育て支援」』（共編著）、晃洋書房、2022年。

山 川 宏 和（やまかわ ひろかず）［第 9 章第 1 節、第Ⅲ部 4・18・24・52・62・66・70］
　　佛教大学大学院博士後期課程社会学・社会福祉学専攻単位取得満期退学。
　　現在、京都華頂大学現代生活学部こども生活学科教授。
　　主な著書
　　　『社会の共同親と養護児童──イギリス・マンチェスターの児童福祉実践──』（共訳）、明石
　　　書店、1999年。
　　　『事例で学ぶ社会的養護』（共編著）、八千代出版、2021年。
　　　『社会的養護入門』（共編著）、ミネルヴァ書房、2021年。

編集協力

榎 本 祐 子（えもと ゆうこ）［第 4 章］
　　関西学院大学大学院人間福祉研究科博士課程後期課程修了、博士（人間福祉）。
　　現在、びわこ学院大学短期大学部ライフデザイン学科准教授。

木 村 将 夫（きむら まさお）［第 8 章、第Ⅲ部 55］
　　武庫川女子大学大学院文学研究科修士課程修了。
　　現在、関西福祉科学大学教育学部教育学科講師。

西 井 典 子（にしい のりこ）［第13章、第Ⅲ部 34・36・42・43］
　　大阪府立大学大学院社会福祉学研究科博士前期課程修了。
　　現在、大阪樟蔭女子大学児童教育学部児童教育学科講師。

上 村 裕 樹（うえむら ひろき）［第 3 章、第 9 章第 2 節、第12章第 4 節、第15章］
　　東北福祉大学大学院総合福祉学研究科社会福祉学専攻修士課程修了。
　　現在、東北福祉大学教育学部教育学科准教授。

執筆者紹介 （五十音順）

板 谷 雅 子（いたや まさこ）［第Ⅲ部11］
南海福祉看護専門学校こども未来学科専任教員

岩 本 健 一（いわもと けんいち）［第7章第4・5節、第Ⅲ部64］
神戸教育短期大学准教授

大 江 ま ゆ 子（おおえ まゆこ）［第Ⅲ部7］
関西福祉科学大学教育学部教育学科准教授

大 久 保 和 久（おおくぼ かずひさ）［第Ⅲ部25］
児童養護施設湘南学園施設長

大 村 海 太（おおむら かいた）［第Ⅲ部8・10・14・32・37］
桜美林大学健康福祉学群准教授

岡 本 直 彦（おかもと なおひこ）［第Ⅲ部9］
児童養護施設京都大和の家施設長

君 島 昌 志（きみじま まさし）［第Ⅲ部1・13・20・22・33・56］
東北福祉大学総合福祉学部社会福祉学科准教授

上 瀧 雅 也（こうたき まさや）［第Ⅲ部21］
阪南福祉事業会児童家庭支援センター岸和田次長

小 島 知 子（こじま ともこ）［第Ⅲ部31］
大阪成蹊短期大学幼児教育学科非常勤講師

堺 恵（さかい めぐみ）［第7章第3節］
龍谷大学短期大学部こども教育学科准教授

島 玲 志（しま れいし）［第Ⅲ部6・30］
大阪府中央子ども家庭センター保護第一課課長

関 谷 み の ぶ（せきや みのぶ）［第Ⅲ部2・3・12・29］
名古屋経済大学人間生活科学部教育保育学科教授

髙 城 大（たかしろ だい）［第Ⅲ部19・60］
愛知淑徳大学福祉貢献学部福祉貢献学科専任講師

高 橋 陸 雄（たかはし りくお）［第Ⅲ部39・58］
児童養護施設天理養徳院副院長

土 本 睦 信（つちもと むつのぶ）［第Ⅲ部23］
児童養護施設天理養徳院家庭支援専門相談員

中 川 陽 子（なかがわ　ようこ）［第Ⅲ部 59］
　大阪成蹊短期大学幼児教育学科専任講師

西 元 直 美（にしもと　なおみ）［第14章］
　関西福祉科学大学教育学部教育学科教授

花 岡 貴 史（はなおか　たかし）［第Ⅲ部 5・40・47・51・61］
　京都保育福祉専門学院保育科長

古 木 由 美（ふるき　よしみ）［第Ⅲ部 57］
　児童養護施設三ケ山学園里親支援専門相談員

本 田 和 隆（ほんだ　かずたか）［第Ⅲ部 65・68・69］
　大阪千代田短期大学幼児教育科准教授

前 田　浩（まえだ　ひろし）［第Ⅲ部 15］
　障害児入所施設・障害者支援施設吉野学園施設長

松 田 千 都（まつだ　ちづ）［第 7 章第 2 節、第Ⅲ部 50］
　京都文教短期大学幼児教育学科教授

松 本 充 史（まつもと　あつし）［第 7 章第 1 節］
　奈良佐保短期大学地域こども学科講師

南　さ お り（みなみ　さおり）［第Ⅲ部 54］
　八尾市こども若者部こども総合支援課課長補佐兼係長

宮 本 洋 行（みやもと　ひろゆき）［第Ⅲ部 44］
　平群町役場住民福祉部福祉こども課障害福祉係主査

室 谷 雅 美（むろや　まさみ）［第Ⅲ部 63］
　豊岡短期大学こども学科教授

安 田 誠 人（やすだ　よしと）［第Ⅲ部 53］
　大谷大学教育学部教育学科教授

山 本　信（やまもと　まこと）［第Ⅲ部 41・45・46・48・67］
　聖和学園短期大学保育学科准教授

吉 川 貴 代（よしかわ　きよ）［第Ⅲ部 27］
　八尾市こども若者部長、日本福祉大学社会福祉学部非常勤講師

施設実習必携ハンドブック
──おさえたいポイントと使える専門用語解説──

2024年4月10日　初版第1刷発行

	新川泰弘
編著者	渡邊慶一 ⓒ
	山川宏和
発行者	萩原淳平
印刷者	江戸孝典
発行所	株式会社　晃 洋 書 房

京都市右京区西院北矢掛町7番地
電話　075（312）0788㈹
振替口座　01040-6-32280

印刷・製本　共同印刷工業㈱
装幀　吉野 綾
ISBN 978-4-7710-3817-2